DEUTSCH ALS FREMDSPRACHE NIVEAUSTUFE **B1/2**

TANGRAM 3
aktuell

Lektion 5–8

▶ **Lehrerhandbuch**

von

Rosa-Maria Dallapiazza
Eduard von Jan
Anja Schümann
Elke Bosse
Susanne Haberland

Hueber Verlag

Quellenverzeichnis:

Umschlagfoto mit Freya Canesa, Susanne Höfer und Robert Wiedmann: Gerd Pfeiffer, München
Kopiervorlage 8/3: Baggerführer: © panthermedia.net/romy 1956; Boxer: © mauritius images/Arthur;
Hebamme: © irisblende.de; Kindergärtner: © Corbis/Grace; Koch: © MEV/MHV; Rennfahrer: © panthermedia.net/kk;
Krankenschwester: © Superstock/MHV; Fußballspielerin: © picture-alliance/dpa/dpa web
Kopiervorlage 8/4a und 8/4b: Statistiken © Globus Infografik GmbH, Hamburg

Das Werk und seine Teile sind urheberrechtlich geschützt.
Jede Verwertung in anderen als den gesetzlich zugelassenen
Fällen bedarf deshalb der vorherigen schriftlichen
Einwilligung des Verlags.

Hinweis zu § 52a UrhG: Weder das Werk noch seine Teile dürfen ohne
eine solche Einwilligung überspielt, gespeichert und in ein Netzwerk
eingespielt werden. Dies gilt auch für Intranets von Firmen und von Schulen
und sonstigen Bildungseinrichtungen.

| 4. 3. 2. | Die letzten Ziffern |
| 2012 11 10 09 08 | bezeichnen Zahl und Jahr des Druckes. |

Alle Drucke dieser Auflage können, da unverändert,
nebeneinander benutzt werden.
1. Auflage
© 2007 Hueber Verlag, 85737 Ismaning, Deutschland
Zeichnungen: LYONN cartoons comics illustration, Köln
Verlagsredaktion: Hueber Polska, Agnieszka Mizak
                Hueber Verlag, Silke Hilpert
Produktmanagement und Herstellung: Astrid Hansen, Hueber Verlag, Ismaning
Satz, Druck und Bindung: Ludwig Auer GmbH, Donauwörth
ISBN 978–3–19–031819–3

Zur Arbeit mit dem Lehrerhandbuch

Liebe Kursleiterin, lieber Kursleiter,
in diesem Lehrerhandbuch finden Sie alles, was Sie für einen abwechslungsreichen und erfolgreichen Unterricht brauchen.

Konzeption des Lehrwerks
Einleitend finden Sie eine ausführliche Vorstellung und Beschreibung der Konzeption von TANGRAM aktuell. Wir möchten Ihnen damit einen Überblick über den methodisch-didaktischen Ansatz des Lehrwerks geben und Ihnen den Einstieg in die Arbeit mit TANGRAM aktuell erleichtern.

Methodisch-didaktische Hinweise
Zusätzlich zur allgemeinen Konzeptbeschreibung erhalten Sie zu jeder einzelnen Kursbuchseite konkrete und kleinschrittige Vorschläge, Anregungen und Tipps für den Unterricht mit TANGRAM aktuell. Zur schnellen Orientierung sind jedem Arbeitsschritt wesentliche Informationen zum Focus, also dem Übungsschwerpunkt, und den benötigten Materialien vorangestellt:

  Focus   Grammatik: Bildung und Funktion der Pronominaladverbien erkennen
  Material OHP-Folie von KB-S. 5

Auch langsamere Lernergruppen werden durch Zwischenschritte in hellem Druck berücksichtigt und Varianten für internationale Kurse und für sprachhomogene Kurse vorgeschlagen. Die prüfungsähnlichen Aufgaben, die auf *das Zertifikat Deutsch (B 1)* vorbereiten sollen, werden im Unterschied zu allen anderen Aufgaben blau unterlegt. So können Sie den Unterricht an die individuellen Bedürfnisse Ihres Kurses anpassen.

Kurze Hinweise zu den Arbeitsbuchübungen geben einen Überblick über den Übungsschwerpunkt.
Kleine Piktogramme am Rand geben Aufschluss über die empfohlene Sozialform des jeweiligen Arbeitsschritts:

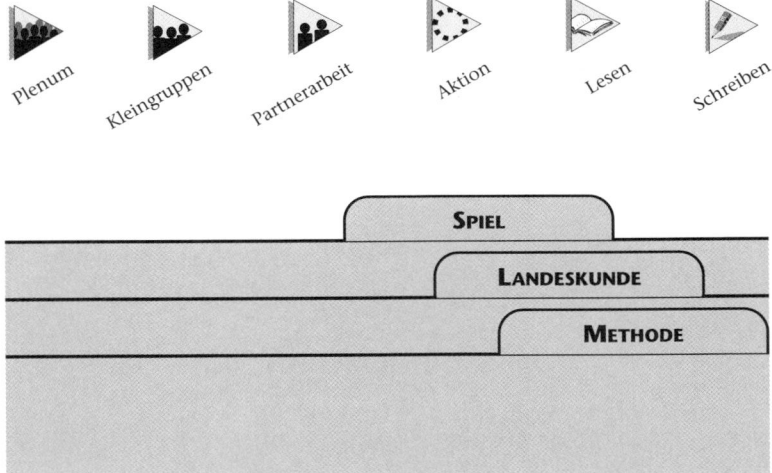

In deutlich abgesetzten Info-Kästen erhalten Sie außerdem weitere methodische Tipps, Hintergrundinformationen zur Landeskunde sowie Ideen für vielseitig einsetzbare Spiele.
Am Ende jeder Lektion finden Sie Vorschläge für auf den Lektionsinhalt abgestimmte Diktate.

Anhang
Hier finden Sie die Transkriptionen aller Hörtexte des Kursbuchs und des Arbeitsbuchs und weiteres Unterrichtsmaterial in Form von Kopiervorlagen zur individuellen Erweiterung Ihres Unterrichts.

Viel Erfolg und Freude beim Unterrichten mit TANGRAM aktuell wünschen Ihnen Autoren und Verlag.

Inhalt

Konzeption des Lehrwerks — Seite VII

Aufbau des Lehrwerks — Seite VII

Didaktischer Ansatz — Seite VIII

Übersicht zu Info-Kästen und Kopiervorlagen — Seite X

Methodisch-didaktische Hinweise — Seite XI

Die erste Unterrichtsstunde — Seite XI

Hinweise zu Lektion 5 — zu Seite 1

Hinweise zu Lektion 6 — zu Seite 13

Hinweise zu Lektion 7 — zu Seite 25

Hinweise zu Lektion 8 — zu Seite 39

Anhang — Seite T1

Transkriptionen der Hörtexte zum Kursbuch und zum Arbeitsbuch — Seite T1–T12

Kopiervorlagen

Konzeption des Lehrwerks

Aufbau des Lehrwerks

TANGRAM aktuell ist die an den Referenzrahmen angepasste und überarbeitete Ausgabe von Tangram und ist für Lernende der Grundstufe konzipiert. Das Lehrwerk führt zur Niveaustufe B1 nach dem Gemeinsamen Europäischen Referenzrahmen. Es ist dem Globallernziel „kommunikative Kompetenz" und der Leitidee eines kommunikativen Unterrichts verpflichtet. Nicht nur die Hör- und Lesetexte, auch die vielfältigen Aufgaben und Übungen in Kursbuch und Arbeitsbuch orientieren sich an lebendiger Alltagssprache und fordern die Lernenden zur kreativen Auseinandersetzung mit den Inhalten und der Sprache heraus.

Die Komponenten von Tangram aktuell

TANGRAM aktuell führt in sechs Bänden zur Niveaustufe B1 *(Zertifikat Deutsch)* des Gemeinsamen Europäischen Referenzrahmens. Zusätzlich gibt es für Vorbereitungskurse auf das *Zertifikat Deutsch* einen eigenen prüfungsvorbereitenden Band Tangram Z.

Tangram aktuell	Niveaustufen des Europäischen Referenzrahmens		Prüfungen
Tangram aktuell 1 Lektion 1–4	Niveau A1/1	▶ A1	*Start Deutsch 1*
Tangram aktuell 1 Lektion 5–8	Niveau A1/2		*Start Deutsch 1z*
Tangram aktuell 2 Lektion 1–4	Niveau A2/1	▶ A2	*Start Deutsch 2*
Tangram aktuell 2 Lektion 5–8	Niveau A2/2		*Start Deutsch 2z*
Tangram aktuell 3 Lektion 1–4	Niveau B1/1	▶ B1	*Zertifikat Deutsch*
Tangram aktuell 3 Lektion 5–8	Niveau B1/2		
Tangram Z	Zertifikatstraining		*Zertifikat Deutsch*

Jeder Band enthält das Kursbuch und das Arbeitsbuch mit der CD zum Arbeitsbuch sowie einen übersichtlichen Grammatikanhang und bietet Material für 50–80 Unterrichtseinheiten (Tangram Z für 80–120 Unterrichtseinheiten) je nach Ausgangssprache und Intensität, in der das Kurs- und Arbeitsbuch im Unterricht behandelt werden. Zusätzlich gibt es zu jedem Band Hörmaterialien auf CD / Kassette. Im Lehrwerkservice unter http://www.hueber.de/tangram-aktuell stehen weitere Übungen, interessante Landeskunde-Texte und methodisch-didaktische Tipps für die Unterrichtsvorbereitung sowie Online-Übungen für die Lernenden zur Verfügung.

Aufbau einer Lektion im Kurs- und Arbeitsbuch

Jeder Band von TANGRAM aktuell enthält vier Lektionen. Die jeweils letzte Lektion (= Lektion 8) am Ende einer Niveaustufe ist der Wiederholung und Vorbereitung auf die Prüfungen *Start Deutsch 1* und *2* bzw. *Zertifikat Deutsch* vorbehalten.

TANGRAM aktuell hat eine transparente, klare Struktur: Der Aufbau der Lektionen orientiert sich am Unterrichtsverlauf und ist so für Lehrende und Lernende leicht nachvollziehbar. Jede Lektion ist in mehrere Sequenzen unterteilt; jede Sequenz behandelt einen thematischen Aspekt in einem kompletten methodischen Zyklus:
- Präsentation neuer Sprache im Kontext
- Herausarbeitung von neuem Wortschatz und neuen Strukturen
- gelenktes Üben und freie Anwendung mit authentischen Sprech- und Schreibanlässen

In jeder Lektion wiederkehrende Bestandteile erleichtern die Orientierung beim Umgang mit Sprache und Lehrwerk:

Der Ton macht die Musik ist die Begegnung mit der Klangwelt der deutschen Sprache. Die phonetische Kompetenz der Lernenden wird hier durch eine Mischung imitativer, kognitiver und kommunikativer Elemente von Anfang an aufgebaut: im Kursbuch auf kreativ-spielerische Weise durch Lieder und Raps, im Arbeitsbuch durch das systematische Training von authentischer Intonation sowie von Lautpaaren und Einzellauten im Kontext von Wörtern, Sätzen, kleinen Dialogen und Versen mit dem bereits bekannten Wortschatz.

Zwischen den Zeilen bezieht bereits von der ersten Lektion an sehr behutsam die verschiedenen Nuancen und Varianten der deutschen Sprache sowie idiomatische Wendungen mit ein (z. B. Was macht Fragen freundlich? Wie kann Ärger oder Mitleid ausgedrückt werden? Unterschiede in gesprochener und schriftlicher Sprache, Gebrauch von Partikeln usw.). Die Phänomene, die hier aufgegriffen werden, beziehen sich jeweils auf Inhalte der Lektion.

Der **Cartoon** im Kursbuch als Schlusspunkt einer Lektion ist als motivierender Sprechanlass gedacht und bietet Möglichkeiten zu einer kreativen Wiederholung und Zusammenfassung der Lektion.

Kurz & bündig steht am Ende jeder Lektion im Kursbuch und eignet sich zur Wiederholung und zum Nachschlagen des Lernstoffs. In kontextualisierter Form sind hier die Grammatik und die wichtigsten Wörter und Wendungen zusammengefasst.

Zu jeder Lektion findet sich im Arbeitsbuch ein Selbsttest **Testen Sie sich!** zur selbstständigen Lernkontrolle der Lernenden, gemäß den Leitsätzen des Referenzrahmens, in denen Lernerautonomie als zentrales didaktisches Ziel formuliert wird. Diese Tests können selbstverständlich auch im Kurs als Abschlusstest gemacht und korrigiert werden.

In jeder Lektion im Arbeitsbuch können die Lernenden in der Rubrik **Selbstkontrolle** ihren Lernfortschritt anhand von Aussagen über vorhandene sprachliche Fähigkeiten selbst evaluieren. Diese Aussagen orientieren sich an den „Kann-Beschreibungen" des Referenzrahmens.

Der komplette **Lernwortschatz** der Lektion ist am Ende jeder Lektion im Arbeitsbuch übersichtlich zusammengefasst. Dadurch wird ein gezieltes Vokabeltraining ermöglicht. Eine aktive Auseinandersetzung mit den neuen Vokabeln findet durch das eigenständige Übersetzen in die Muttersprache statt.

Am Ende eines jeden Bands ermöglicht ein transparenter **Grammatikteil** anhand von einfachen Formentabellen und Beispielen die Orientierung über die grammatischen Strukturen.

Didaktischer Ansatz

TANGRAM aktuell führt die Lernenden anhand von authentischen Lese- und Hörtexten sowie authentischen, an den Interessen und sprachlichen Bedürfnissen der Lernenden ausgerichteten Sprech- und Schreibanlässen aktiv an die neue Sprache heran. Ziel ist nicht der theoretische und häufig noch grammatikorientierte Spracherwerb, sondern die kommunikative Kompetenz und die sprachliche Handlungsfähigkeit der Lernenden.

Neue Strukturen erarbeiten die Lernenden nach dem Prinzip der gelenkten Selbstentdeckung eigenständig: Durch eine **induktive Grammatikarbeit** werden die Lernenden befähigt, sprachliche Strukturen und Gesetzmäßigkeiten zu reflektieren, selbst zu erschließen und in Regeln zusammenzufassen. Dabei helfen ihnen die Grammatikkästen, in denen die Regeln oder Formen schon vorformuliert sind. Diese Regelformulierungen sind im Sinne einer Lernergrammatik didaktisch reduziert, beziehen sich auf den jeweils erreichten Sprachstand und erheben keinen Anspruch auf eine umfassende Sprachstandsbeschreibung im linguistischen Sinne. Die Lernenden können diese Grammatikkästen eigenständig oder auch mithilfe der Kursleitenden/des Kursleitenden ergänzen und sind damit aktiv in die Erarbeitung einer neuen Struktur eingebunden. Dadurch verstehen und behalten sie die Grammatik besser.

Der Phase der Erarbeitung folgt eine gelenkte Übungsphase, in der das Entdeckte sich verfestigen kann. Durch lernerorientierte Aufgabenstellungen in Gesprächen und Rollenspielen werden die neuen Strukturen dann situativ eingebettet angewendet.

Neben den Grammatikkästen ermöglichen sogenannte **Infoboxen** als „kommunikative Sprungbretter" den unmittelbaren Gebrauch von wichtigen sprachlichen Strukturen aus einem konkreten Sprechanlass heraus. Die Lernenden sollen sich hier auf die Inhalte konzentrieren und die dafür notwendigen Redemittel „griffbereit" haben. Eine grammatische Vertiefung ist an dieser Stelle nicht beabsichtigt.

> da + *über* → darüber
> wo + *an* → woran
> Beginnt die Präposition mit einem Vokal, wird ein „r" eingefügt.

Die neuen Strukturen können im Arbeitsbuch anhand von zahlreichen Übungen geübt und vertieft werden. Das Verweissystem in Kurs- und Arbeitsbuch gibt dabei eine Hilfestellung für eine sinnvolle Reihenfolge der Arbeitsschritte.

Neuer **Wortschatz** wird nach Möglichkeit in Wortfeldern und am thematischen Schwerpunkt der Lektion ausgerichtet eingeführt (z. B. TANGRAM aktuell 3, Lektion 5, Konflikte und Lösungen: Wortfeld „Beziehungskonflikte"). Ein besonderes Gewicht erhält die im Deutschen so wichtige Wortbildung. Sie ermöglicht den Lernenden bereits von Beginn an einen differenzierten „Wort-Schatz" und regt zum kreativen Ausprobieren der Sprache an.

Auch beim Wortschatztraining steht das aktive Einbeziehen der Lernenden in den Lernprozess im Vordergrund: Zahlreiche Tipps zum systematischen Wortschatzlernen werden in der Rubrik **Lerntipp** (siehe auch unten) gegeben. Am Ende einer jeden Lektion können sich die Lernenden den Lernwortschatz durch das selbstständige Übersetzen in die Ausgangssprache erarbeiten. Was man selbst tut, behält man am besten!

In TANGRAM aktuell findet sich ein ausgewogenes Verhältnis von Lese- und Hörtexten und Sprech- und Schreibanlässen. Alle **Fertigkeiten** werden anhand von authentischem Material und interessanten, abwechslungsreichen Kontexten geübt. Von Beginn an werden gezielt Strategien zu allen Fertigkeiten vermittelt.

Verständliche Aussprache und natürliche Intonation sind für eine erfolgreiche Kommunikation oft wichtiger als grammatikalische Korrektheit. Deshalb sollte von Anfang an und in enger Verbindung mit dem Fertigkeitstraining und der Grammatik- und Wortschatzarbeit auch eine gezielte und gründliche Schulung von **Aussprache und Intonation** erfolgen. Der Satzakzent und die Satzmelodie sind daher in den Beispieldialogen markiert und erleichtern so den Lernenden die korrekte Intonation.

Zusätzlich zum integrierten, die Texte und Übungen begleitenden Phonetik-Training finden sich im Kursbuch Raps, Lieder, Reime und offene Dialoge, die den neuen Wortschatz und die neuen Strukturen noch einmal in kreativ-spielerischer Weise präsentieren und durch starke Rhythmisierung den Charakter des Deutschen als „akzentzählende" Sprache betonen.

Das Arbeitsbuch bietet ein systematisches Training von Einzellauten – natürlich im Kontext von Wörtern, Sätzen und kleinen Dialogen, unter Berücksichtigung der Beziehung zwischen Schreibung und Aussprache und abgestimmt auf Wortschatz und Strukturen der bisherigen Lektionen. Im Unterschied zu den meisten anderen Übungen im Arbeitsbuch sollte dieser Teil im Unterricht behandelt werden. In sprachhomogenen Gruppen kann sich das Phonetik-Training natürlich auf die Laute beschränken, die den Teilnehmern (TN) Schwierigkeiten bereiten. Durch die integrierte Audio-CD können sich Lernende insbesondere in internationalen Kursen auch eigenständig und individuell mit den Lauten befassen, die für sie schwierig sind.

Ausgewiesene **Lerntipps** vermitteln wichtige Techniken für das selbstständige Arbeiten und helfen den Lernenden, neuen Wortschatz auf systematische Weise zu verarbeiten und Lernhilfen, z. B. das Wörterbuch oder den Grammatikanhang, zu nutzen.

Von TANGRAM aktuell 1, Lektion 5–8 an gibt es gestreut über die Lektionen Anregungen für **Kursprojekte**. Damit wird für die Lebendigkeit des Unterrichts und eine Anbindung an die Realität außerhalb des Klassenzimmers gesorgt.

Info-Kästen und Kopiervorlagen

Methode

Gruppen bilden	Die erste Unterrichtsstunde
Gruppenergebnisse auswerten	Die erste Unterrichtsstunde
Rollenspiel mit „lauten Gedanken"	L05 A1
Eine Talkshow spielen	L07 A4
Mini-Projekt: Zeitungen und Zeitschriften vorstellen	L07 B1

Landeskunde

Eheberatung in Deutschland	L05 A4
Ehrenamtliche Tätigkeiten	L06 A2
Umweltschutz	L06 E1
Fernsehen in Deutschland	L07 A4
Girl's Day	L08 C3

Spiel

Improvisierte Beschwerden	L05 D8
Klatsch-Geschichten	L07 B2

Kopiervorlagen

5/1	„Rollenspiel: Ehe-/Paarberatung"	L05 A4
5/2	„Domino zu den Pronominaladverbien"	L05 B6
5/3	„Service-Test"	L05 D7
5/4	„Liedtext-Puzzle"	L05 E
5/5	„Schreibwerkstatt"	Cartoon
6/1	„Leserbrief"	L06 A3
6/2	„Übung zur n-Deklination"	L06 B5
6/3	„Tauschbörse"	L06 B6
6/4	„Würfelspiel zu statt/anstatt-Sätzen"	L06 E5
6/5	„Schreibwerkstatt"	Cartoon
7/1	„Rollenvorgaben"	L07 A4
7/2	„Alles erledigt?"	L07 A6
7/3	„Leben ohne Fernseher: Gründe und Auswirkungen"	L07 A8
7/4	„Klatsch-Geschichten"	L07 B2
7/5	„Computer-Interview"	L07 C3
7/6	„Schreibwerkstatt"	Cartoon
8/1	„Wortschatz: Hochzeit"	L08 B1
8/2	„Vorschläge – Gegenvorschläge"	L08 B6
8/3	„Berufe"	L08 C1
8/4a	„Topten"	L08 C4
8/4b	„Männerarbeit – Frauenarbeit"	L08 C4
8/5	„Menschheitsträume"	L08 D1

Die erste Unterrichtsstunde

Bevor Sie anfangen …

Wer gerne lernt, lernt besser! Deutsch lernen soll deshalb auch Spaß machen.
Informieren Sie sich, wie viele TN ungefähr im Kurs zu erwarten sind. Schauen Sie sich vor Kursbeginn den Klassenraum an: Wie ist die Anordnung der Stühle und Tische? Kann man hier gut miteinander arbeiten und lernen? Haben die TN Blickkontakt zueinander?
Oft ist es sinnvoll, für verschiedene Arbeits- und Übungsformen unterschiedliche Sitzordnungen zu wählen, z. B.

* für Gespräche oder gegenseitiges Befragen in der Gesamtgruppe

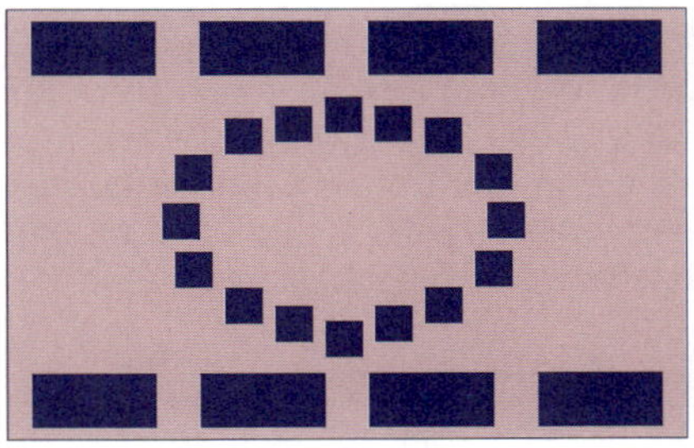

* für die Arbeit in Kleingruppen

* für kleine Kursgruppen

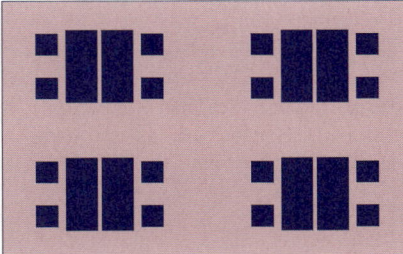
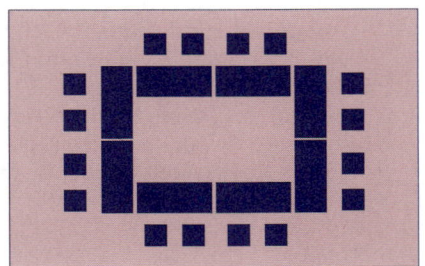

Wenn Sie die Tischordnung während des Unterrichts nicht verändern können, dann stellen Sie Tische und Stühle

bitte so

oder so

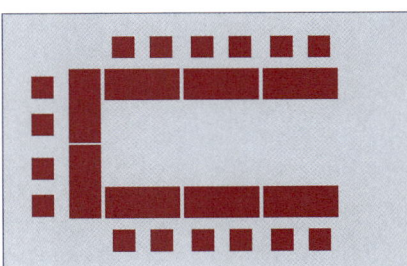
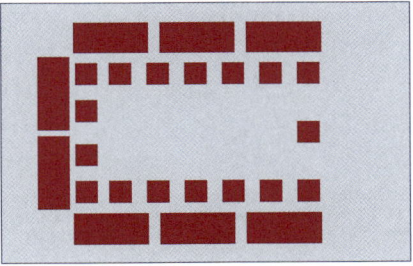

aber möglichst nicht so

Der Unterricht beginnt ...

Ihre Gruppe setzt sich ganz neu zusammen und hat bereits Grundkenntnisse in der deutschen Sprache. Das bedeutet, dass sich die TN über die einfachen Vorstellungsrunden hinaus bereits nach weiteren Informationen befragen können. Von den traditionellen Reihum-Vorstellungsrunden raten wir ab: Sehr schnell hören die Teilnehmer dann gar nicht mehr auf die Namen bzw. die Informationen der anderen, sondern konzentrieren sich darauf, was sie selber sagen wollen, wenn sie an der Reihe sind. Hier sind ein paar Vorschläge für den Einstieg. Bei diesen Einstiegsspielen ist es auch immer schön, wenn Sie selbst sich in irgendeiner Form beteiligen, d. h. vielleicht mit einem TN ein Partnerinterview machen (bei ungerader TN-Zahl) oder sich von den TN nach der Vorstellungsrunde befragen lassen.

Variante 1:
Stummes Interview

Die TN arbeiten in Paaren und sollen sich innerhalb einer vorgegebenen Zeit (ca. 3 Minuten) gegenseitig über ihren Beruf, ihre Hobbys, ihre familiäre Situation etc. Fragen stellen und Informationen geben – aber all dies nur mit Mitteln der Mimik, Gestik und Pantomime und Zeichensprache, ohne ein Wort zu reden.
Geben Sie dazu selbst ein paar Beispiele:
– Schwimmbewegungen und begeistert nicken = „ich schwimme gerne"
– Auf den Ehering deuten = „ich bin verheiratet"
– Mit der Hand die Größe eines Kindes andeuten und zwei Finger hochhalten = „ich habe zwei Kinder" oder auch „ich habe ein zweijähriges Kind"
Während des „stummen Interviews" sollte keinesfalls gesprochen werden, der KL sollte immer wieder – am besten mit Mimik und Gestik – an diese Regel erinnern. Im Anschluss an das „stumme Interview" berichtet jeder TN im Plenum, was er glaubt über seinen Partner herausgefunden zu haben; eventuelle Missverständnisse lassen sich dabei klären.

Variante 2
Cocktail-Party

Die TN befinden sich auf einer Cocktail-Party. Wenn Sie Zeit und Lust haben, können Sie für Ihren Kurs dazu auch Erfrischungsgetränke reichen, um die Atmosphäre realistischer und aufgelockerter zu gestalten. Jeder TN muss nun innerhalb einer Viertelstunde mit möglichst vielen anderen TN plaudern und dabei drei Gemeinsamkeiten herausfinden. Im Plenum stellt nun jeder TN einen anderen vor und nennt diese Gemeinsamkeiten. Achten Sie darauf, dass alle TN vorgestellt werden. Variante: Um dieses Kennenlernspiel etwas mehr zu steuern, können Sie auch einen Fragekatalog mit etwas anderen Fragen oder Stichwörtern (z. B. Schuhgröße, Sternzeichen, Lieblingshausarbeit, Lieblingsbuch etc.) vorgeben. Jeder TN darf einem anderen TN nur max. drei Fragen aus diesem Fragekatalog stellen. Ziel ist es auch hier, Leute zu finden, mit denen man etwas gemeinsam hat.

Variante 3
Namen-Spiele

Ein sprachlich anspruchsvolles Spiel, wobei die TN mit ihrem jeweiligen Nachbarn versuchen möglichst viele Adjektive zu finden, die mit dem gleichen Buchstaben des jeweiligen Vornamens beginnen und die jeweilige Person beschreiben, z. B. Maria – mutig, müde, melancholisch, mitteilsam ... Variante: Um eine größere Varietät zu ermöglichen, kann das Spiel auch mit allen Buchstaben des Vornamens gemacht werden, d. h. es müssen zu allen Buchstaben des Vornamens Adjektive gefunden werden, die die Person beschreiben.
Eine andere Möglichkeit ist, den Familiennamen in die Kennenlernphase zu integrieren und möglichst viele Bedeutungen zu finden, die etwas über die Herkunft des Familiennamens aussagen: Land, Region, u. U. Beruf etc.

METHODE

Gruppen bilden

Der Unterricht wird abwechslungsreicher, wenn Sie häufig zwischen Plenum, Stillarbeit, Partnerarbeit und Kleingruppenarbeit wechseln und wenn Ihre TN die Möglichkeit haben, mit verschiedenen Partnern zusammenzuarbeiten. Keinesfalls sollte die in der ersten Stunde zufällig entstandene Sitzordnung darüber bestimmen, wer für den Rest des Kurses mit wem zusammenarbeitet. Hier einige Tipps, wie Sie Gruppen bilden lassen können:

1. Sie wollen Paare bilden? Die TN zählen ab, z. B. bei einer Gruppe von 14 TN von 1–7 oder bei einer Gruppe von 10 TN von 1–5: Jeder sagt eine Zahl, dann arbeiten die Einser, Zweier usw. zusammen. Das Gleiche geht auch mit dem Alphabet, z. B. bei 14 TN von A bis G abzählen, dann arbeiten die TN mit A, die TN mit B usw. zusammen.
    Sie wollen Dreiergruppen bilden? Teilen Sie die Zahl der TN durch 3 – bei 15 TN also 5 – und lassen Sie von 1–5 abzählen.
2. Verteilen Sie Knöpfe oder Münzen: Die TN mit den gleichen Knöpfen bzw. Münzen arbeiten zusammen.
3. Verteilen Sie Kärtchen – immer zwei (oder mehrere) passen zusammen.
    * mit Zahlen, Symbolen oder Farben
    * mit bekannten Strukturen: Kärtchen A: „Wie geht's?", Kärtchen B: „Danke gut."; Kärtchen C: „Wie heißt du?", Kärtchen D: „Ich heiße Tobias." usw. Wenn in den ersten Stunden noch wenige Strukturen zur Auswahl stehen, verteilen Sie mehrere Kopien der gleichen Kärtchenpaare.
    * mit Redewendungen oder Sätzen, z. B. Kärtchen A: „Was sind Sie …", Kärtchen B: „… von Beruf?"
    * aus dem Bereich der Grammatik, z. B. Kärtchen A: Infinitiv, Kärtchen B (und C, D…): eine andere Verbform (heißen – ich heiße – er heißt).
4. gruppenbezogen: Die TN finden sich in Paaren, Dreier- oder Vierergruppen nach vorgegebenen Kriterien, z. B. Schuhgröße, Körpergröße, Alter, Sternzeichen, Kleidungsfarben usw.
    Auch eine gezielte Zusammenstellung von Kleingruppen (z. B. Tandem-Modell: Ein „guter" und ein „schwacher" TN arbeiten zusammen; oder in internationalen Kursen die Kombination von TN unterschiedlicher Nationalität) ist oft besser als die Aufforderung „Arbeiten Sie mit Ihrem Nachbarn/Ihrer Nachbarin zusammen".

Gruppenergebnisse auswerten

Beim Bericht über die Arbeitsergebnisse von Kleingruppen im Plenum sprechen meist nur die TN, die ohnehin zu den Aktiven zählen. Oft ist diese Plenumsphase ermüdend, da sich die Ergebnisse wiederholen. Hier einige Vorschläge, um die Auswertungsphase interessanter zu machen und möglichst alle TN einzubeziehen.

Mischgruppen

Phase 1 – Die Gruppenarbeit findet in möglichst gleich großen Kleingruppen statt (z. B. 5 Gruppen à 3 TN). Jeder TN hält die Arbeitsergebnisse seiner Kleingruppe fest. Dann wird in jeder Gruppe reihum abgezählt (bei Dreiergruppen also von eins bis drei; Alternative: vorbereitete Buchstabenkärtchen (A-B-C). Jeder TN hat jetzt eine Zahl bzw. einen Buchstaben.

Phase 2 – Lassen Sie nun neue Gruppen bilden: Alle TN mit der gleichen Zahl bzw. dem gleichen Buchstaben arbeiten zusammen und berichten sich gegenseitig von den Arbeitsergebnissen der vorherigen Kleingruppenarbeit (bei unserem Beispiel gibt es also jetzt 3 Gruppen à 5 TN). Für diese Auswertungsphase können Sie auch zusätzliche Aufgaben stellen, z. B. eine Auswertung nach Gemeinsamkeiten bzw. Unterschieden. Interessanter und anspruchsvoller wird die zweite Phase der Gruppenarbeit, wenn in der ersten Phase in den Kleingruppen unterschiedliche Aufgaben bearbeitet wurden (z. B. unterschiedliche Abschnitte des gleichen Textes, d. h. jede Gruppe erhält den gleichen Textausschnitt, oder unterschiedliche Fragestellungen zu einem Hörtext) und in der zweiten Phase dann die jeweiligen Teilergebnisse zusammengefasst werden (z. B. Rekonstruktion des kompletten Textes aus den Textteilen oder Beantwortung aller Fragen zum Hörtext).

Präsentation

Phase 1 – Lassen Sie so viele Kleingruppen bilden, dass die Zahl der Kleingruppen möglichst genauso groß ist wie die TN-Zahl in einer Kleingruppe (bei 16 TN also 4 Gruppen à 4 TN, bei 15 TN 3 Gruppen à 4 TN und 1 Gruppe à 3 TN, bei 17 TN 3 Gruppen à 4 TN und 1 Gruppe à 5 TN usw.). Die Kleingruppen halten ihre Arbeitsergebnisse auf einem Plakat fest (Beschriftung in großer Schrift mit dicken Filzstiften) und hängen die Plakate an verschiedenen Stellen des Unterrichtsraumes auf.

Phase 2 – Lassen Sie durch Abzählen oder durch Buchstabenkärtchen neue Gruppen bilden (s. o.). Eventuell „überzählige" TN (nur 1 oder 2 TN mit der Zahl 4/5 bzw. den Buchstaben D/E) schließen sich einer der Gruppen an. Die neuen Gruppen versammeln sich um jeweils ein Plakat. Der TN, der an diesem Plakat mitgearbeitet hat, präsentiert jetzt in ca. zwei Minuten die Ergebnisse. Geben Sie ein akustisches Zeichen (Hintergrundmusik unterbrechen, Glocke, Klopfen): Die Gruppen beenden das Gespräch und wandern zum nächsten Plakat weiter, wo ein anderer TN die Präsentation übernimmt.

Schneeball

Der Schneeball zur Auswertung von Partnerarbeit und als Alternative zu Brainstorming-Aktivitäten im Plenum ist besonders geeignet für alle Aufgaben, bei denen die TN Wörter oder Ideen zu einem Thema sammeln und/oder nach Wichtigkeit ordnen sollen.

Phase 1 – Sammeln und Ordnen in Partnerarbeit.

Phase 2 – Zwei Paare kommen zusammen und bilden eine Vierergruppe. Sie vergleichen ihre Listen, streichen Doppelbenennungen und einigen sich auf eine Rangfolge.

Phase 3 – Zwei Vierergruppen kommen zusammen und bilden eine Achtergruppe. Sie vergleichen ihre Listen, streichen Doppelbenennungen, einigen sich auf eine Rangfolge und dokumentieren ihre Ergebnisse auf Plakat oder OHP-Folie.

Phase 4 – Präsentation und Vergleich der Ergebnisse im Plenum.

Lektion 5

A Beziehungskisten
Über Beziehungskonflikte und Partnerschaft sprechen
- A 1 OHP-Folie des ersten Fotos (vergrößert) von KB-S. 1 *(Variante)*
- A 4 OHP-Folie des Textes von KB-S. 2
-       Kopiervorlage 5/1: „Rollenspiel: Ehe-/Paarberatung" *(Zusatzübung)*

Arbeitsbuch 1–2 *(vor Kursbuch A 1!):* Einstieg ins Thema Beziehungskonflikte
1. Bilder beschreiben (Partnerarbeit und Plenum)
2. Dialoge mit vorgegebenen Redemitteln schreiben (Partnerarbeit)

A 1
Focus Einstieg ins Thema „Beziehungskonflikte": eine Geschichte nach vorgegebenen Fotos erzählen und Dialoge schreiben
Material *Variante:* OHP-Folie des ersten Fotos (vergrößert) von KB-S. 1

1. Geben Sie den TN Zeit zum Betrachten der Fotos. Regen Sie sie an, sich mit Hilfe von W-Fragen (Wer? Wie viele Personen? Wo? Was? usw.) einen ersten Eindruck von der Situation zu verschaffen.
Variante: Zeigen Sie das erste Foto auf OHP und lassen Sie die TN die Situation etc. beschreiben. Fragen Sie: „Wie ist die Stimmung zwischen den beiden Personen?", „Woran erkennen Sie das?", „Was könnte vorher passiert sein?", „Was wird jetzt vielleicht passieren?" und sammeln Sie die Vermutungen an der Tafel. Erst dann öffnen die TN ihre Bücher und betrachten die restlichen Fotos.

2. Fragen Sie die TN: „Was passiert hier?", „Warum gehen die Frauen auf die Toilette?", „Warum sitzen die Männer zusammen?", „Worüber sprechen sie?" Ermuntern Sie die TN, in Kleingruppen eine zu den Fotos passende Geschichte zu erfinden. Abschließend präsentieren die Gruppen ihre Ergebnisse im Plenum. Sammeln Sie die unterschiedlichen Vermutungen an der Tafel. Lassen Sie diese bis zur Aufgabe A2 dort stehen, um den TN die Möglichkeit zu geben, ihre Ergebnisse mit der Geschichte zu vergleichen.

3. Lassen Sie jetzt die Fotos in Vierer-Gruppen dialogisieren. Ermuntern Sie die TN, sich für eine Rolle zu entscheiden und sich Notizen anzufertigen, die ihnen bei der Präsentation eine Hilfe sind. Freiwillige TN spielen ihre Dialoge dann im Plenum vor. Stellen Sie, wenn möglich, Requisiten (Teller, Gläser etc.) zur Verfügung (siehe auch Methodentipp).
Zusatzübung: Weisen Sie auf die beiden Sprichwörter unten auf KB-S. 1 hin und klären Sie ihre Bedeutung durch Beispiele. Fragen Sie: „Was haben die Sprichwörter gemeinsam?" (Es geht ihnen ein Konflikt voraus.), „Worin unterscheiden sie sich?" (Das Ergebnis bzw. der Ausgang des Konflikts ist ein anderer.). Lassen Sie die TN in Kleingruppen Situationen erfinden, in denen man diese Sprichwörter verwenden könnte.

Internationale Kurse: Die TN suchen in möglichst kulturell ähnlichen Gruppen nach Sprichwörtern in ihrer Muttersprache, die etwas über den Umgang mit Konflikten aussagen. Anschließend bilden sich Mischgruppen, in denen mindestens je ein TN jeder Gruppe vertreten ist. Die TN berichten sich nun gegenseitig über ihre Sprichwörter und vergleichen die internationalen Varianten miteinander.

Sprachhomogene Kurse: Die TN suchen in Kleingruppen nach ähnlichen Sprichwörtern in ihrer Muttersprache. Die TN vergleichen ihre Ergebnisse im Plenum.

METHODE

Rollenspiel mit „lauten Gedanken"
Eine interessante Variante des Rollenspiels liegt darin, jeder Figur, die dargestellt werden soll, nicht nur einen „Schauspieler" bzw. einen „Sprecher", sondern auch einen „Denker" zuzuweisen. Der eine TN spielt das, was die Person wirklich in der Situation sagt. Der andere TN steht hinter dem Sprecher und sagt immer laut, was die Person eigentlich nur denkt. Als Sprechanlass eignet sich beispielsweise ein Foto oder eine Zeichnung von Personen, die in einer bestimmten Situation miteinander kommunizieren. Geben Sie den TN auch jeweils etwas Vorbereitungszeit, in der sie Notizen machen können. Sprecher und Denker können sich vorher auf eine „gemeinsame Linie" verständigen oder aber sich während des Spiels voneinander überraschen lassen. Achten Sie aber darauf, dass Sprecher und Denker nicht gleichzeitig sprechen. So können sehr witzige und unerwartete Szenen entstehen.

Lektion 5

A 2 Focus globales Leseverständnis: Erzähler den Abschnitten zuweisen

1. Deuten Sie auf die Abschnitte des Textes und verdeutlichen Sie kurz die Grobstruktur des Textes, indem Sie darauf hinweisen, dass es in diesem Text zwei Erzähler gibt und somit auch die Erzählperspektive wechselt.
2. Lesen Sie den ersten Abschnitt gemeinsam und fragen Sie die TN, welche Wörter darauf hindeuten, dass es sich hier um die Perspektive des Mannes handelt („Ich wollte ganz friedlich **mit meiner Frau** essen gehen, das war alles."). Fordern Sie dann die TN auf, den ganzen Text zu lesen und den Abschnitten den jeweiligen Erzählern zuzuweisen. Geben Sie eine Zeit vor (ca. 10 Minuten). Weisen Sie ggf. darauf hin, dass es hier nicht darum geht, jedes Wort zu verstehen und achten Sie darauf, dass die TN nicht im Wörterbuch nachschlagen, sondern sich ausschließlich auf die Aufgabe konzentrieren.

3. Vergleichen Sie die Ergebnisse im Plenum und fragen Sie anschließend, inwieweit die Vermutungen aus A1 (nicht) zutreffen. Lassen Sie sich die jeweilige Textstelle nennen, die hierzu Informationen liefert, und notieren Sie diese stichwortartig neben der betreffenden Vermutung an der Tafel. Fordern Sie die TN auf, noch einmal die Fotos von KB-S. 1 zu betrachten und zu überlegen, wer das erzählende Paar ist. Lassen Sie die TN eventuell noch die Textabschnitte den Fotos zuordnen (Bild 1, 2 = Abschnitt 1; Bild 3 = Abschnitt 2; Bild 4, 5 = Abschnitt 3; Bild 6 = Abschnitt 4, 6; Bild 7 = Abschnitt 5)

Lösung: Frau, Mann, Frau, Mann, Frau

4. Lenken Sie die Aufmerksamkeit auf die biografischen Daten zur Autorin in der Infobox und lesen Sie diese gemeinsam. Sollte jemand bereits den Film „Männer" gesehen haben, könnten Sie ihn bitten, kurz etwas über die Handlung zu sagen.

Lektion 5, zu Seite 2

Lektion 5

A 3	Focus	Wortschatz: Multiple-Choice-Aufgabe zu idiomatischen Wendungen im Text

1. Lesen Sie das erste Beispiel im Buch gemeinsam mit den TN und fragen Sie sie nach der Bedeutung der kursiv gedruckten Stelle, indem Sie auf die beiden darunter stehenden Erklärungen deuten. Suchen Sie gemeinsam nach der passenden Textstelle, da der Kontext hilft, die Wendungen zu entschlüsseln. Wenn die TN sich den Sinn auf diese Weise nicht erschließen können, schlagen sie im Wörterbuch nach.

2. Die TN lösen die restlichen Aufgaben in Partnerarbeit. Achten Sie darauf, dass möglichst ein stärkerer und ein schwächerer TN zusammenarbeiten. Die TN vergleichen ihre Ergebnisse anschließend in Form einer Kettenübung im Plenum. Klären Sie mögliche Unstimmigkeiten, indem Sie die TN die passende Textstelle vorlesen lassen und den Ausdruck noch einmal im Kontext klären.

Lösung: 1b; 2a; 3b; 4a

A 4	Focus	detailliertes Leseverständnis: Probleme den Personen im Text zuordnen
	Material	OHP-Folie des Textes von KB-S. 2
		Zusatzübung: Kopien von Kopiervorlage 5/1: „Rollenspiel: Ehe-/Paarberatung"

1. Präsentieren Sie den Text auf OHP-Folie und klären Sie die Aufgabe, indem Sie fragen: „Wer hat oft keine Lust zu reden?" und lassen Sie die TN nach den passenden Textstellen suchen. Unterstreichen Sie diese dann auf der OHP-Folie (Z. 11/12, 29/30).

2. Die TN lesen die restlichen Aussagen, suchen die entsprechenden Textstellen und unterstreichen diese. Anschließend markieren sie die Lösungen im Buch. Gehen Sie herum und helfen Sie bei Unklarheiten. Ein freiwilliges Paar unterstreicht auf der Folie die Textstellen und präsentiert sein Ergebnis zum Vergleich im Plenum.

Lösung: 1 Paar 1: Mann, Paar 2: Frau; 2 Paar 1: Frau, Paar 2: Mann; 3 Paar 1: Mann, Paar 2: Frau; 4 Paar 1: Frau, Paar 2: Mann

3. Fordern Sie die TN auf, in Kleingruppen Vermutungen über eine mögliche Fortsetzung der Geschichte zu diskutieren. Lassen Sie dann einige Freiwillige ihre Varianten erzählen. Sie können diese Aufgabe auch als schriftliche Hausaufgabe aufgeben.
Zusatzübung: Fragen Sie die TN, wer bei diesen oder anderen Eheproblemen helfen kann. Sollte das Stichwort „Ehe/Paarberatung" nicht genannt werden, nennen Sie es und geben hierzu einige Informationen (siehe Landeskunde). Fragen Sie auch nach dem Umgang mit Ehe/Paarproblemen in den Heimatländern der TN. Verteilen Sie die Kopiervorlage 5/1 und lesen Sie die vorgegebene Situation gemeinsam. Überlegen Sie dann zunächst gemeinsam, später in Dreier-Gruppen, was für Fragen ein/e Eheberater/in stellen würde und welche Ratschläge er/sie geben könnte. Sammeln Sie die Vorschläge anschließend im Plenum an der Tafel. Jede Gruppe überlegt sich dann anhand der Vorgaben im Raster weitere Situationen, macht sich dazu Notizen und spielt eine oder zwei mit verteilten Rollen. Freiwillige TN präsentieren abschließend eines ihrer Gespräche im Plenum.

Arbeitsbuch 3–4: Wortschatzarbeit
3 Sätze mit vorgegebenen Begriffen ergänzen (Hausaufgabe)
4 Aussagen die richtigen Begriffe zuordnen (Hausaufgabe)

LANDESKUNDE

Eheberatung in Deutschland
In allen größeren Städten gibt es eine Vielzahl staatlicher, kirchlicher und psychologischer Beratungsstellen, die bei Ehe- und Familienkrisen, Beziehungskonflikten etc. Hilfe anbieten. Viele davon sind kostenlos. Auch telefonische Beratungsstellen sind weit verbreitet. In jüngster Zeit bieten immer mehr Institutionen ihre Dienste auch im Internet an, z. B. per E-Mail.

A 5	Focus	freies Gespräch oder Schreiben zum Thema Partnerschaft

1. Fragen Sie die TN: „Was ist für Sie in einer Partnerschaft wichtig?" und klären Sie gemeinsam den vorgegebenen Wortschatz im Kasten.
2. Lesen Sie das Beispiel gemeinsam und diskutieren Sie ein weiteres im Plenum. Sammeln Sie außerdem Redemittel an der Tafel, die den TN helfen die eigene Meinung auszudrücken, zu widersprechen oder zuzustimmen.

seine Meinung sagen	widersprechen	zustimmen
Ich glaube/finde, (dass) ...	(Nein,) das finde/glaube ich nicht.	(Ja,) das finde/glaube ich auch.
Ich denke/meine, (dass) ...	(Ich glaube,) das sehen Sie falsch.	(Ja,) das sehe ich auch so.
Ich halte das (nicht) für ...	Kann sein, aber ...	Da haben Sie recht.
Meiner Meinung nach ...	Das kann man so und so sehen.	Das stimmt.
...	Das kommt (ganz) darauf an.	Genau!

Zusatzübung: Bilden Sie Männer- und Frauengruppen und fordern Sie sie auf, jeweils eine „Männer-" bzw. „Frauenhitliste" der drei wichtigsten und der drei unwichtigsten Punkte zu erstellen. Diese müssen jeweils begründet werden. Ermuntern Sie die TN, auch eigene Ideen, die nicht vorgegeben sind, mit in die Diskussion einzubringen. Wichtig ist, dass sich die Gruppen jeweils auf eine Liste einigen. Anschließend vergleichen die TN dann in Mischgruppen. Lassen Sie die TN danach kurz im Plenum über Gemeinsamkeiten und Unterschiede berichten. Regen Sie eventuell noch den Gebrauch von Redemitteln zur formalen Gestaltung der Diskussion an. Abschließend können Sie auch noch die unterschiedlichen Meinungen in Form eines Meinungsspektrums an der Tafel zusammenfassen.

Arbeitsbuch 5–6: Leseverständnis zum Thema „Beziehungskisten"; freie Schreibübung
5 globales Leseverständnis: Multiple-Choice-Aufgabe zum Text (Hausaufgabe)
6 freie Schreibübung: einen Text zum Thema „Dialogkarten" schreiben (Hausaufgabe)

Lektion 5, zu Seite 3

Lektion 5

B   Probleme im Beruf
Probleme und Konflikte im Beruf
B 4, B 5   OHP-Folie von KB-S. 5
B 6   Kopiervorlage 5/2 „Domino zu den Pronominaladverbien" *(Zusatzübung)*

B 1   Focus   Einstieg ins Thema „Probleme im Beruf": Bildbeschreibung; Gespräch über Konflikte am Arbeitsplatz

1. Geben Sie den TN ausreichend Zeit, die beiden Bilder im Buch zu betrachten. Fordern Sie sie dann auf, die Bilder möglichst genau zu beschreiben (Personen, Farben, Stimmung etc.). Schreiben Sie hierfür eventuell ein paar Redemittel an die Tafel (rechts/links, in der Bildmitte, im Vorder-/Hintergrund ...). Halten Sie die Ideen der TN an der Tafel fest. Fragen Sie dann: „Was könnte das Thema dieser beiden Bilder sein?", „Wer/Wo sind die Personen?" und lassen Sie die TN auf diese Weise Vermutungen über die Situationen und das Thema äußern.
2. Deuten Sie auf die Notizen im Buch auf S. 4 und schreiben Sie die dort genannten Konfliktsituationen in Form eines Wortigels an die Tafel. Die TN sammeln in Kleingruppen weitere Konfliktsituationen und vergleichen diese anschließend im Plenum. Ergänzen Sie den Wortigel entsprechend an der Tafel.

B 2   Focus   Aussagen als richtig oder falsch einstufen

Lesen Sie die Aussagen im Buch gemeinsam mit den TN und klären Sie unbekannten Wortschatz. Fordern Sie dann die TN auf, die Aussagen, denen sie zustimmen, als richtig und diejenigen, denen sie nicht zustimmen, als falsch zu markieren und anschließend in der Kleingruppe zu diskutieren. Ermuntern Sie die TN, ihre Positionen zu begründen und eventuell mit persönlichen Beispielen zu erklären.

B 3   Focus   detailliertes Hörverständnis: Aussagen als richtig oder falsch markieren

1. Betrachten Sie mit den TN das Foto und fragen Sie: „Wo ist das?", „Wer sind die beiden Personen?", „Was machen sie?" (Radiosender; Moderator, Gast = Expertin; Beratungsgespräch mit Hörern) und lassen Sie die TN Vermutungen äußern.
2. Die TN lesen die zehn Aussagen im Buch. Klären Sie den unbekannten Wortschatz gemeinsam im Plenum. Erklären Sie die Aufgabenstellung, indem Sie im Buch auf die Wörter „richtig" und „falsch" deuten und weisen Sie die TN darauf hin, dass es beim folgenden Hörtext darum geht, sehr genau hinzuhören.
3. Schreiben Sie die ersten beiden Aussagen sowie „richtig" und „falsch" an die Tafel. Spielen Sie den entsprechenden Abschnitt vor, fragen Sie „richtig oder falsch?" und machen Sie ein Kreuz an der entsprechenden Stelle.

4. Spielen Sie die (weiteren) Abschnitte des Hörtextes mit Pausen nach jedem Abschnitt vor. Die TN markieren während des Hörens „richtig" oder „falsch" in ihrem Buch. Ihr Ergebnis vergleichen die TN zunächst in Partnerarbeit, dann im Plenum. Bei Unsicherheiten sollten Sie die entsprechende Textstelle oder den gesamten Hörtext noch einmal vorspielen. Ermuntern Sie die TN, ihre Lösung anhand der Aussagen im Buch oder des Hörtextes zu begründen. Oft sind es nur Kleinigkeiten (z. B. in 7 das Wort „nur"), die dazu führen, dass eine Aussage falsch ist.
Lösung: **1** r; **2** r; **3** f; **4** f; **5** r; **6** r; **7** f; **8** r; **9** f; **10** r

Lektion 5

B 4 Focus   Grammatik: Bildung und Funktion der Pronominaladverbien erkennen; Regelergänzung
       Material   OHP-Folie von KB-S. 5

1. Präsentieren Sie die Beispielsätze auf OHP-Folie und lesen Sie das erste Beispiel vor. Lenken Sie die Aufmerksamkeit der TN auf die unterstrichenen Pronominaladverbien, suchen Sie gemeinsam nach dem folgenden und unterstreichen Sie es auf der Folie. Lassen Sie die TN dann in Partnerarbeit die restlichen Pronominaladverbien markieren (ein Paar hält sein Ergebnis auf der Folie fest) und vergleichen Sie die Lösungen anschließend im Plenum.
Lösung: **2** daran, Dafür; **3** darauf, darüber
2. Deuten Sie auf die Spalten „Verb + Präposition" und „Fragepronomen" und markieren Sie noch einmal die Präpositionen in den Beispielsätzen in einer anderen Farbe. Erklären Sie anhand der Infobox die Bildung der Pronominaladverbien und Fragepronomen. Fragen Sie dann: „Wozu möchten Sie etwas sagen?", „Worüber wollen Sie sprechen?" und nehmen Sie die Antworten der TN zum Anlass, im ersten Satz „einem ganz bestimmten Thema" zu unterstreichen. Formulieren Sie gemeinsam mit den TN auch für Beispiel 2 und 3 die passenden Fragen und machen Sie deutlich, dass sich die Pronominaladverbien hier auf ganze Aussagen (den gesamten Nebensatz bzw. den vorhergehenden Satz) beziehen, indem Sie die entsprechenden Textstellen ebenfalls markieren.

3. Die TN ergänzen die Regel in Partnerarbeit. Lassen Sie ein freiwilliges Paar seine Lösung auf Folie festhalten und anschließend im Plenum zum Vergleich präsentieren.
Lösung: **1** Aussagen; **2** Wiederholungen

B 5 Focus   gelenkte Anwendungsübung: Textergänzung mit vorgegebenen Pronominaladverbien; Vergleich mit Hörtext
       Material   OHP-Folie von KB-S. 5

1. Erklären Sie die Aufgabenstellung, indem Sie den Text auf OHP gemeinsam bis zur zweiten Lücke lesen und auf „Spaß" deuten. Fragen Sie dann, welche der Vorgaben aus dem Kasten passt, lassen Sie sich die richtige von den TN nennen und ergänzen Sie das Pronominaladverb auf der Folie.
Lösung: **2** daran
2. Lösen Sie die nächsten ein bis zwei Beispiele gemeinsam.
3. Weisen Sie als Hilfestellung auf die rechts neben dem Text stehenden Ausdrücke mit den Präpositionen hin, unterstreichen Sie die Präposition im ersten Beispiel auf der Folie und ermuntern Sie die TN, alle Präpositionen in den Ausdrücken im Buch in der rechten Spalte zu markieren. Unterstreichen Sie diese auf Zuruf ebenfalls auf der Folie.

4. Die TN ergänzen dann in Partnerarbeit die Lücken mit den Vorgaben im Kasten. Anschließend kontrollieren die TN ihre Lösung mit Hilfe des Hörtextes.
Lösung: **3** darauf; **4** dazu; **5** darauf; **6** darüber; **7** dafür; **8** darüber; **9** davon; **10** mit Ihnen; **11** darüber

Arbeitsbuch 7–11: Anwendungsübung zu den Pronominaladverbien; Hörverständnis; gelenkte Schreibübung; Sprechübung
  7   Grammatik: Sätze mit Pronominaladverb bilden (Stillarbeit oder Hausaufgabe)
  8   Grammatik: Sätze mit Pronominaladverb bilden (Stillarbeit oder Hausaufgabe)
  9   globales Hörverständnis: dem Hörtext Informationen zu den Personen entnehmen (Partnerarbeit)
10   gelenkte Schreibübung: nach Vorgaben schriftlich Ratschläge geben (Hausaufgabe)
11   Sprechübung zur Anwendung der Fragepronomen; die Partner sitzen Rücken an Rücken (Partnerarbeit)

Lektion 5, zu Seite 5

… Lektion 5

B 6	Focus	gelenkte Anwendungsübung zu den Pronominaladverbien: über den Job sprechen; freies Gespräch
	Material	*Zusatzübung:* in Spielsteine zerschnittene Kopien von Kopiervorlage 5/2 „Domino zu den Pronominal-adverbien" (je zwei TN einen Satz „Dominosteine")

1. Lesen Sie die Vorgaben im Kasten gemeinsam und klären Sie Verständnisschwierigkeiten.
2. Erklären Sie die Aufgabenstellung, indem Sie auf den oberen Kasten zeigen und einen TN fragen „Worüber ärgern Sie sich?" Deuten Sie auf den unteren Kasten und fordern Sie den TN auf, Ihre Frage zu beantworten. Anschließend stellt dieser einem anderen TN eine neue Frage, indem er eine Vorgabe aus dem oberen Kasten wählt usw.
3. Die TN berichten in ihren Gruppen über Probleme, die sie aus dem Verwandten-, Freundes- oder Bekanntenkreis kennen, und diskutieren Lösungsmöglichkeiten.
   Zusatzübung: Je zwei Teilnehmer bekommen einen Satz Dominosteine der Kopiervorlage 5/2. Indem Sie zwei bis drei Steine in der richtigen Anordnung an die Tafel zeichnen, können Sie veranschaulichen, wie das Spiel funktioniert. Die TN verteilen die Steine gleichmäßig innerhalb ihrer Gruppe, ein Stein wird in die Mitte gelegt. Dann geht es reihum. Der erste Spieler legt einen passenden Stein an, sofern er einen hat. Ansonsten muss er bis zur nächsten Runde aussetzen. Gewonnen haben die TN, die als erste alle Steine gelegt haben.

Arbeitsbuch 12: gelenkte Schreibübung: nach Vorgaben einen Text schreiben (Hausaufgabe)

C Zwischen den Zeilen

C 1 vergrößerte und zerschnittene Kopie der Zeichnungen und der Bedeutungen von KB-S. 6 *(Variante)*
      zerschnittene Kopie der Gesten von KB-S. 6 *(Zusatzübung)*
C 2 DIN-A3-Blätter und bunte Stifte

C 1	Focus	Wortschatz: Gesten die passenden Bedeutungen zuordnen
	Material	*Variante:* vergrößerte und zerschnittene Kopie der Zeichnungen und der Bedeutungen von KB-S. 6 (ein Satz pro Gruppe)
		Zusatzübung: zerschnittene Kopie der Gesten von KB-S. 6

1. Demonstrieren Sie eine der im Buch abgebildeten Gesten. Fragen Sie die TN dann: „Was will ich mit dieser Geste sagen?" und ermuntern Sie die TN, ihre Vermutungen über die Bedeutung der Geste zu äußern.
2. Bilden Sie möglichst kulturell heterogene Gruppen. Die TN lesen die vorgegebenen Informationen, um eventuelle Wortschatzprobleme in der Kleingruppe zu klären. Die TN sprechen über die dargestellten Gesten und stellen Vermutungen über die jeweiligen Bedeutungen an. Anschließend ordnen sie ihnen die passenden, in Deutschland gültigen Bedeutungen zu. Weisen Sie vor Beginn der Übung darauf hin, dass es meistens mehrere Möglichkeiten gibt.
   Variante: Verteilen Sie einen Satz der auseinandergeschnittenen Gesten an die Kleingruppen. Fordern Sie sie auf, über die dargestellten Gesten zu sprechen und Vermutungen darüber anzustellen, was sie in Deutschland bedeuten könnten. Anschließend geben Sie die Bedeutungen an die Gruppen und lassen Sie zuordnen.
   Lösung: **1** Du spinnst wohl! Du Idiot! Der (Die) spinnt!; **2** Sehr gut! Super! Prima!; **3** Das ist mir doch egal! Vergiss es! Selber Schuld!; **4** Schlecht!; **5** Du spinnst wohl! Der (Die) spinnt!; **6** Spitze, gut gelaufen! Gut gemacht! Alles in Ordnung! Prima! Super! Sehr gut!; **7** Keine Ahnung!; **8** Ich hab was vergessen. Ich Dummkopf!; **9** Das ist teuer! (manchmal auch:) Ich hab kein Geld.
   Zusatzübung: Verteilen Sie die Gesten und fordern Sie die TN auf, nacheinander ihre Gesten zu „diktieren", indem sie sie demonstrieren. Die anderen TN müssen die jeweilige Bedeutung erraten und notieren die entsprechende verbale Bedeutung. Anschließend Vergleich im Plenum.

C 2	Focus	Wortschatz: Gesten in den Herkunftsländern
	Material	DIN-A3-Blätter und bunte Stifte

Fragen Sie die TN, welche Gesten in ihrem Heimatland/ihren Heimatländern für Touristen oder Fremde wichtig sind. Gehen Sie dann, je nachdem, ob es sich um einen internationalen oder sprachhomogenen Kurs handelt, wie unten beschrieben vor.

Internationale Kurse: Die TN sammeln in Gruppen gleicher Nationalität oder ähnlicher Herkunft (z. B. südamerikanische Länder, afrikanische Länder usw.) die fünf wichtigsten Gesten. Anschließend präsentiert jede Gruppe ihr Ergebnis, indem sie die Gesten demonstrieren und die anderen Gruppen die Bedeutung raten lassen. Bei guten Zeichnern im Kurs können Sie auch kleine Plakate erstellen lassen, die dann im Kursraum aufgehängt werden. Ermuntern Sie die TN, „ihre" Gesten den deutschen gegenüberzustellen und miteinander zu vergleichen.
Sprachhomogene Kurse: Die TN sammeln in Kleingruppen die fünf wichtigsten Gesten ihres Landes und lassen Sie anschließend von den anderen Gruppen erraten. Möglicherweise kommt es hierbei zu unterschiedlichen Interpretationen, deren Aushandlung einen interessanten Sprechanlass bietet. Ermuntern Sie die TN außerdem, „ihre" Gesten den deutschen gegenüberzustellen und miteinander zu vergleichen.

Arbeitsbuch 13–14: Gebrauch von „irgend-": Anwendungsübung
13   Wörter mit „irgend-" in den Sätzen unterstreichen (Stillarbeit oder Hausaufgabe)
14   gelenkte Anwendungsübung zu „irgend-" mit Hörkontrolle (Stillarbeit oder Hausaufgabe)

Lektion 5

D Der Kunde ... ein König?
Konflikte im öffentlichen Leben

D 3	OHP-Folie von KB-S. 8
D 5, D 6	OHP-Folie von D 5 auf KB-S. 9
D 7	Kopiervorlage 5/3: „Service-Test" *(Zusatzübung)*
D 8	Schnipsel aus vergrößerter Kopie der Redemittel *(Variante)*

D 1 Focus Einstieg ins Thema „Konflikte im öffentlichen Leben": Vermutungen über Fotos und die dargestellten Konflikte äußern und Vergleiche zum Heimatland ziehen

1. Richten Sie zunächst eine ausgesprochen freundliche Bitte an einen TN, indem Sie z. B. sagen „Entschuldigung, aber es wäre wirklich nett, wenn Sie etwas leiser sein könnten." oder „Wären Sie vielleicht so freundlich, das Fenster zu schließen?" Formulieren Sie die Bitte dann noch einmal unhöflich (z. B. Seien Sie leise! Fenster auf! o.Ä.) und fragen Sie dann: „Ist Ihnen etwas aufgefallen?" Nehmen Sie die Antworten der TN zum Anlass, das Wort „Höflichkeit" an die Tafel zu schreiben. Ermuntern Sie die TN, Assoziationen zum Thema zu nennen und sammeln Sie diese in Form eines Wortigels.

2. Lesen Sie das Zitat von Busch zum Thema „Höflichkeit" gemeinsam mit den TN, klären Sie unbekannten Wortschatz und diskutieren Sie über den Inhalt. Vergleichen Sie die dort genannten Aspekten abschließend mit den Assoziationen der TN und ergänzen Sie den Wortigel, falls die Aspekte nicht genannt wurden (z. B. netter Betrug; Konventionen, die allen bekannt sind).
Biografische Daten: Wilhelm Busch: 1832 – 1908, deutscher Maler, Zeichner und Dichter, besonders bekannt durch seine Bildergeschichten, wie z. B. „Max und Moritz".

3. Notieren Sie die Wörter „Kunde" und „König" an der Tafel. Klären Sie die beiden Begriffe und setzen Sie die beiden durch ein Gleichheitszeichen miteinander in Beziehung. Fügen Sie dann ein Fragezeichen dahinter und lassen Sie die TN Vermutungen über das Thema äußern. Die TN öffnen dann das Buch und betrachten die beiden Fotos. Fragen Sie: „Worüber ärgern sich die Leute?" Klären Sie die dargestellten Situationen mittels der W-Fragen (Wer? Wo? Was? etc.). Lenken Sie dann die Aufmerksamkeit der TN auf den Notizzettel und lesen Sie die Beispiele gemeinsam.

4. Sammeln Sie ein bis zwei weitere Beispiele gemeinsam an der Tafel.

5. Fordern Sie die TN auf, ihre persönliche „Ärgernis-Liste" (in Inlandskursen in zwei Spalten, siehe Tafelbild) auf ein Extrablatt zu schreiben.
Variante: Die TN führen ein Interview mit einem anderen TN durch und fertigen für ihn eine Ärgernis-Liste an.

Worüber ich mich in meinem Heimatland ärgere:	Worüber ich mich in Deutschland ärgere:

6. Bilden Sie mehrere Kleingruppen. Ein TN beginnt und erzählt nun kurz, wann, wo und worüber er/sie sich geärgert hat. Die anderen können Fragen stellen und/oder eigene Erfahrungen einbringen. Auf diese Weise entsteht in der Regel schnell eine angeregte Diskussion. In sprachhomogenen Kursen (Ausland) sammeln die TN außerdem, was sie bereits über den deutschen Service wissen bzw. sammeln ihre Vermutungen und vergleichen die Ergebnisse mit dem Heimatland.

Arbeitsbuch 15–16: Wortschatzarbeit
15 Kreuzworträtsel: Nomen zum Thema Service und Beschwerden (Partnerarbeit oder Hausaufgabe)
16 Nomen-Verb-Kombinationen (Partnerarbeit oder Hausaufgabe)

D 2 Focus Wortschatzübung: Begriffe aus dem Lesetext durch Relativsätze definieren; Vorentlastung des Lesetextes von KB-S. 8

1. Klären Sie den Wortschatz in den Vorgaben gemeinsam mit den TN und erläutern Sie die Aufgabenstellung anhand des ersten Beispiels im Buch.
2. Lösen Sie ein weiteres Beispiel gemeinsam.
3. Die TN lösen die restlichen Aufgaben in Partnerarbeit. Dann vergleichen sie ihr Ergebnis mit einem anderen Paar. Im Plenum kontrollieren Sie die Lösungen noch einmal in Form einer Kettenübung, indem die TN einen anderen TN fragen „Was ist ein/eine ...?"
Lösung: **2** alle Leute zu Kollegen schickt; **3** jemand, der viel redet; **4** ist jemand, der nie etwas weiß; **5** ist jemand, der irgendwo unerlaubt reinkommt; **6** ist eine Frau, die sich wie ein Star benimmt

Lektion 5, zu Seite 7

Lektion 5

D 3	Focus	globales Leseverständnis: Überschriften zuordnen
	Material	OHP-Folie von KB-S. 8

1. Schreiben Sie „? müssen leider draußen bleiben" an die Tafel, fragen Sie: „Wer muss wo, wann, warum beim Einkaufen draußen bleiben?" und ergänzen Sie die Leerstelle mit den Vorschlägen der TN. Sollte das Wort „Hunde" nicht genannt werden, erklären Sie kurz, dass es vor Geschäften häufig ein Schild mit dieser Aufschrift gibt. Die TN öffnen dann das Buch und lesen die Überschrift. Lesen Sie im Anschluss gemeinsam den Einleitungstext im Buch und klären Sie mögliche Wortschatzprobleme.

2. Lesen Sie auch den ersten Textabschnitt gemeinsam mit den TN. Lenken Sie dann die Aufmerksamkeit auf die Überschriften und suchen Sie nach derjenigen, die zum ersten Abschnitt passt. Lassen Sie sich die entscheidenden Textstellen nennen (z. B. kichern und plaudern; sofort das Gespräch wieder aufzunehmen; Leute im persönlichen Gespräch zu stören) und unterstreichen Sie diese auf der OHP-Folie.

3. Die TN lesen die (restlichen) Abschnitte, ordnen in Partnerarbeit jeweils die passende Überschrift zu und unterstreichen die Textstellen, die einen Hinweis auf die Lösung geben. Achten Sie darauf, dass jeweils ein stärkerer mit einem schwächeren TN zusammenarbeitet. Lenken Sie die Aufmerksamkeit der TN auch auf die Bilder mit den dargestellten Gesten, die einen Hinweis auf den nebenstehenden Abschnitt geben. Geben Sie eine Zeit von ca. 10 Minuten vor und weisen Sie darauf hin, dass der Text nicht Wort für Wort gelesen werden soll. Ein freiwilliges Paar notiert seine Ergebnisse auf der OHP-Folie, anhand derer die Ergebnisse im Plenum später verglichen werden können.
Variante: Bilden Sie Kleingruppen, in denen jeweils zwei Texte gelesen werden. Zur Einteilung der Gruppen können Sie z. B. die Nummern der Texte auf kleine Zettel schreiben und die TN je einen ziehen lassen. Im Anschluss bilden die TN Mischgruppen, in denen sie ihre Ergebnisse präsentieren und ergänzen.
Lösung: **1** Die Plaudertaschen; **2** Die Ahnungslosen; **3** Die Weiterleiter; **4** Die Diven; **5** Die Netten

4. Ermuntern Sie die TN, mit Hilfe der Typenerklärungen in D2 und den neuen Informationen aus den Texten kleine „Psychogramme" für jeden Verkäufertyp zu erstellen (z. B. Die Plaudertaschen reden sehr viel, kichern und plaudern immer mit ihren Kollegen usw.). Anschließend lesen die Gruppen ihre Psychogramme im Plenum vor.

5. Regen Sie eine Diskussion darüber an, welchen der fünf Typen die TN am schlimmsten finden. Lassen Sie die TN ihre Meinung jeweils begründen.

Internationale Kurse: Die TN diskutieren in kulturell heterogenen Gruppen über Höflichkeit in ihren Heimatländern. Stellen Sie dazu die Fragen „Was wird in Ihrem Heimatland als (un)höflich empfunden? Warum?", „Welche Unterschiede gibt es zu Deutschland?", „Gibt es ähnliche Service-Typen wie in Deutschland?". Lassen Sie die TN über die interessantesten Ergebnisse kurz im Plenum berichten und typische Service-Typen in ihren Ländern vorstellen.

Sprachhomogene Kurse: Die TN diskutieren in Kleingruppen über (Un)Höflichkeit in ihrem Land, überlegen, ob es ähnliche Service-Typen wie in Deutschland gibt und stellen Vergleiche zu Deutschland an.

D 4	Focus	freie Sprechübung: Bericht über unhöfliche Erlebnisse in Geschäften

1. Erläutern Sie die Aufgabenstellung und geben Sie den TN ausreichend Zeit, ihren eigenen Bericht mit Hilfe von Notizen vorzubereiten.

2. Die TN berichten in Kleingruppen von ihren Erlebnissen und wählen am Ende eine Geschichte aus, die im Plenum präsentiert werden soll. Gemeinsam verschriftlichen die TN das Erlebnis.

3. Freiwillige TN lesen die schriftlichen Berichte im Plenum vor.
Variante: Geben Sie diese Aufgabe als schriftliche Hausaufgabe auf.

Lektion 5, zu Seite 8

Lektion 5

D 5   Focus   Grammatik: Systematisierung der Adjektivdeklination im Genitiv
         Material   OHP-Folie von D5 auf KB-S. 9

1. Präsentieren Sie die Tabelle auf OHP und deuten Sie auf die erste Lücke. Suchen Sie dann gemeinsam nach dem fehlenden Adjektiv in den Texten von D3 und ergänzen Sie dieses auf der Folie.
Lösung: **f**: nett**en** (Text 1)
2. Die TN suchen in Partnerarbeit nach den restlichen Adjektiven und ergänzen diese im Buch. Ein freiwilliges Paar hält sein Ergebnis auf der Folie fest, die dann zum Vergleich im Plenum dient.
Lösung: vollkommener (Text 1); **m**: teuren (Text 4), störenden (Text 3); **n**: harmonischen (Text 1), exotischen (Text 4); **Pl**: teurer (Text 4);
3. Lenken Sie die Aufmerksamkeit der TN auf die Endungen der Artikel, Adjektive und Nomen in den Beispielen, indem Sie jeweils die Genus-Signale (zweifarbig für f/Pl und m/n) und die Adjektivendungen markieren.
4. Die TN vervollständigen die Regeln mit den Vorgaben und vergleichen ihr Ergebnis anschließend mit Hilfe der OHP-Folie, auf der ein Paar sein Ergebnis festgehalten hat, im Plenum. Weisen Sie auch auf die Possessivartikel „ihres" und „ihrer" und das bestimmte Artikelwort „dieser" in der Tabelle hin, lesen Sie die Infobox und erklären Sie kurz die Deklination nach bestimmten und unbestimmten Artikelwörtern sowie nach Possessivartikeln im Singular.
Lösung: **1** Bezugswort; **2** *m* und *n*; **3** Adjektive

Arbeitsbuch 17–18: Anwendungsübungen zu den Adjektivendungen
17   Adjektivendungen im Genitiv ergänzen (Hausaufgabe)
18   Wiederholung: Adjektivendungen im Nominativ und Akkusativ ergänzen (Hausaufgabe)

D 6   Focus   gelenkte und freie Anwendungsübung zur Adjektivdeklination
         Material   OHP-Folie von Übung D6 auf KB-S. 9

1. Erklären Sie die Aufgabenstellung, indem Sie auf das erste Adektiv deuten und fragen, in welcher Form (mit oder ohne Endung) es in den Text passt. Weisen Sie die TN auf die verschiedenen Kasus und Artikelwörter hin. Gehen Sie eventuell noch einmal auf den attributiven und prädikativen Gebrauch des Adjektivs sowie auf die Besonderheiten bei „teuer" und „neu" ein.
2. Lösen Sie ein bis zwei weitere Beispiele gemeinsam.
3. Die TN ergänzen die fehlenden Adjektive in Kleingruppen. Eine Gruppe hält ihr Ergebnis auf Folie fest und präsentiert ihr Ergebnis abschließend im Plenum. Lenken Sie dann die Aufmerksamkeit der TN durch die Frage „Welche Endung kommt am häufigsten vor?" auf die Endung „-en".
Lösung: **2** langweiligen; **3** grenzenloses; **4** teuren; **5** halben; **6** großen; **7** elektronischen; **8** schwarzen; **9** täglichen; **10** neu(e)sten; **11** moderner

D 7   Focus   freies Sprechen: über „Typen" sprechen
         Material   *Zusatzübung:* Kopien von Kopiervorlage 5/3 „Service-Test"

1. Sammeln Sie weitere Service-Typen an der Tafel und beschreiben Sie einen der beiden mit den Vorgaben im Buch.
2. Die TN suchen sich einen oder zwei Typen aus, sammeln passenden Wortschatz dazu und fertigen kurze schriftliche Beschreibungen an. Notieren Sie alle in den Gruppen beschriebenen Typen an der Tafel. Anschließend lesen die Gruppen ihre Typ-Beschreibungen vor und die anderen Gruppen raten, um was für einen Service-Typ es sich jeweils handelt.
Variante: Die TN stellen weitere Service-Typen pantomimisch dar und die anderen Gruppen müssen dann jeweils erraten, um was für einen Typ es sich handelt und ihre Vermutung begründen.
Zusatzübung: Bereiten Sie einen Service-Test in Ihrem Kursort vor. Sie sollten sich hierbei auf einen Service-Bereich, der für alle interessant ist, einigen (z. B. Einkaufen: Lebensmittel). Sammeln Sie die Geschäfte, Supermärkte usw., in denen die TN einkaufen gehen. Die TN notieren zunächst in Gruppen, was sie unter gutem Service verstehen (z. B. Wie lange ist der Supermarkt geöffnet? Sind die Verkäufer hilfsbereit? Können Sie Fragen beantworten? Werden mehrere Kassen geöffnet, wenn viel los ist? Ist der Supermarkt übersichtlich? Gibt es ein abwechslungsreiches Angebot? Sind die Waren frisch?...) Anschließend werden die Punkte stichwortartig an der Tafel gesammelt und geordnet (z. B. Öffnungszeiten, Verkäufer, Warenangebot etc.). Verteilen Sie die Kopien der Kopievorlage 5/3 und bitten Sie die TN, die Kategorien in die leeren Felder einzutragen. Klären Sie dann die Aufgabe anhand der Beispieleintragung. Jede Gruppe übernimmt die Analyse einer der zuvor gesammelten Einkaufsmöglichkeiten, indem sie sich noch einmal vor Ort den Service ansieht. Jedes Gruppenmitglied überlegt sich im Anschluss seine eigene Bewertung. Um unangenehme Situationen zu vermeiden, sollten Sie die TN darauf hinweisen, dass sie den Fragebogen erst außerhalb des untersuchten Ortes ausfüllen. In einer der darauffolgenden Stunden, die Sie im Voraus festlegen, vergleichen die TN zunächst ihre Ergebnisse in der Gruppe und diskutieren ihre Eindrücke. Anschließend berichtet jede Gruppe im Plenum über ihren „Service-Test".

Arbeitsbuch 19: Wortschatzarbeit: höfliche und unhöfliche Beschwerden markieren (Hausaufgabe)

Lektion 5, zu Seite 9

Lektion 5

D 8	Focus	freies Sprechen: sich beschweren
	Material	*Variante:* Schnipsel aus vergrößerter Kopie der Redemittel (je einen Satz pro Gruppe)

1. Erklären Sie die Aufgabenstellung, indem Sie die erste Situation im Buch vorlesen und durch die folgenden Fragen klären: „Warum wollen Sie sich beschweren?", „Was wollen Sie mit der Beschwerde erreichen?"
2. Deuten Sie auf die Redemittel und fordern Sie die TN auf, sich diese durchzulesen. Klären Sie die Oberkategorien und die Zuordnung der Redemittel (links: Kunde/Gast; rechts: Personal/Chef). Weisen Sie bei den Kategorien „auf sich aufmerksam machen" und „sich beschweren" auf den Unterschied zwischen höflich und unhöflich hin.
   Variante: Zerschneiden Sie eine vergrößerte Kopie der Redemittel in Schnipsel. Lassen Sie Dreiergruppen bilden und verteilen Sie einen Satz Schnipsel an jede Gruppe. Lassen Sie die TN die Schnipsel den passenden Oberkategorien zuordnen. Vergleichen Sie das Ergebnis anschließend im Plenum.

3. Versprachlichen Sie die erste Situation gemeinsam, indem Sie Vorschläge der TN an der Tafel sammeln. Spielen Sie den Dialog dann mit einem oder zwei TN vor.
4. Die TN überlegen sich zu einer Situation ihrer Wahl einen Dialog und studieren ihn ein. Gehen Sie herum und achten Sie auf besonders gelungene Gespräche. Anschließend präsentieren Freiwillige ihr Ergebnis im Plenum. Stellen Sie den TN wenn möglich hierzu je nach Situation passende Requisiten zur Verfügung (z. B. ein Handy, einen Teller, eine Perücke etc.).
   Zusatzübung: Improvisierte Dialoge mit Wechsel des Sprachregisters, siehe Spielekasten.

Arbeitsbuch 20–22: Systematisierung der Adjektivendungen; Leseverständnis, Schreibübung
20 Adjektivendungen im Text ergänzen (Partnerarbeit oder Hausaufgabe)
21 selegierendes Leseverständnis: Informationen heraussuchen und in eine Tabelle eintragen (Partnerarbeit oder Hausaufgabe)
22 gelenkte Schreibübung: einen Beschwerdebrief nach Vorgaben schreiben (Partnerarbeit oder Hausaufgabe)

SPIEL

Improvisierte Beschwerden
Überlegen Sie sich zu Hause oder gemeinsam mit den TN verschiedene Orte, an denen es zu Beschwerde-Situationen kommen kann (im Supermarkt, im Restaurant, im Kaufhaus, beim Frisör, im Bus, an der Hotelrezeption, auf der Post, in der Schule etc.). Bevor Sie beginnen, sollten Sie den TN genau erklären, wie das Spiel funktioniert, damit es später nicht zu Verwirrungen kommt.
Es arbeiten immer zwei nebeneinander sitzende TN zusammen. Klatschen Sie in die Hände und warten Sie, bis Ruhe eingekehrt ist. Sagen Sie dann deutlich den Ort, an dem der Beschwerde-Dialog stattfinden soll, sowie die „Umgangsform" (höflich oder unhöflich), z. B: „Auf der Post – unhöflich". Mit diesen Vorgaben soll nun jedes Paar einen Beschwerde-Dialog improvisieren. Gefragt sind Fantasie und Spontaneität. Nach einiger Zeit klatschen Sie wieder in die Hände und geben eine neue Situation vor. (Dabei kann es sich u.U. auch um denselben Ort, aber um einen anderen Umgangston handeln, z. B. „Auf der Post – höflich"). Nach zwei bis drei Situationen wechseln die TN ihre Partner – und weiter geht's. Dieses Spiel eignet sich vor allem für kleinere Gruppen, da sonst möglicherweise der Geräuschpegel zu groß wird. Hier geht es v.a. um das freie, improvisierte Sprechen, weniger darum völlig korrekt zu sprechen. Sie selbst können am besten einschätzen, ob ihre TN Spaß an solchen Improvisationen haben.

Lektion 5, zu Seite 10

Lektion 5

E	**Der Ton macht die Musik**
Focus	Hör- und Singübung: Lied
Material	pro Gruppe je eine auseinandergeschnittene Kopie der Kopiervorlage 5/4 „Liedtext-Puzzle" *(Variante)*

1. Schreiben Sie den Titel des Liedes an die Tafel und klären Sie die Bedeutung des Ausspruchs „Mir reicht's!" Spielen Sie bei geschlossenen Büchern das Lied vor und fragen Sie dann „Wer sind die Personen?" (Ehefrau und Ehemann) „Was reicht wem?" (Er hat nie Zeit für die Familie. Sie beklagt sich immer über ihn.) „Was ist die Konsequenz?" (Sie verlässt ihn.)

2. Die TN hören das Lied ein zweites Mal und lesen den Text im Buch mit. Klären Sie die Textstellen, die nach dem ersten Hören noch unklar sind. Lenken Sie die Aufmerksamkeit auch auf die umgangssprachlichen Ausdrücke und Redewendungen (z. B. Das mach' ich nicht mehr mit! Herz-Schmerz-Jammer-Quengel-Sachen; Ich hab' die Nase voll! etc.) und ermuntern Sie die TN, sich diese zunächst entweder aus dem Kontext oder durch Ableitungen o.Ä. zu erschließen, bevor Sie sie gemeinsam besprechen.
   Variante: Um den Text rekonstruieren zu lassen, verteilen Sie die Kopiervorlage 5/4 an jede Kleingruppe. Zerschneiden Sie sie vorher so, dass die linke Hälfte ganz bleibt und die rechte Hälfte aus einzelnen Streifen besteht. Verteilen Sie die Streifen an die TN, so dass alle TN ungefähr gleich viele Schnipsel haben. Fordern Sie die TN auf, die Satzanfänge während und nach dem zweiten Hören mit den Streifen zu ergänzen. Anschließend vergleicht jede Gruppe ihr Ergebnis mit einer anderen Gruppe, dann mit dem abgedruckten Text im Buch. Bei schwächeren TN zerschneiden Sie nicht die einzelnen Streifen, sondern nur die Liedstrophen. Die TN bestimmen dann die richtige Reihenfolge der sechs Strophen.

3. Ermuntern Sie die TN, das Lied mitzusingen. Fordern Sie hierzu die Frauen auf, den Part der Frau und die Männer den des Mannes zu übernehmen und den Streit zu spielen.
   Variante: Die TN üben den Text in Partnerarbeit mit verteilten Rollen. Freiwillige präsentieren ihn anschließend im Plenum.

Arbeitsbuch 23–26: Übungen zu den Akzentsilben

23 Spielen Sie den Hörtext vor. Die TN sprechen die Wörter nach und markieren die Akzentsilben. Anschließend vergleichen sie mit ihrem Nachbarn, dann im Plenum. Weisen Sie auf den Merkkasten hin und fordern Sie die TN auf, die Aufgaben zu Hause zu lösen.

24 Deuten Sie auf das erste Beispiel im Regelkasten und bitten Sie die TN, die Regeln und Beispiele in Partnerarbeit zu ergänzen. Vergleich im Plenum.

25 Die TN lesen die Beispiele und markieren die Akzentsilben. Anschließend vergleichen Sie ihr Ergebnis mit ihrem Nachbarn, dann mit dem Hörtext. Bei Unstimmigkeiten spielen Sie die Übung ein weiteres Mal vor und stoppen nach den betreffenden Ausdrücken.

26 Spielen Sie das erste Beispiel vor und verdeutlichen Sie den Unterschied zwischen dem Wortgruppenakzent und dem Haupt- bzw. Satzakzent.
   Die TN unterstreichen beim weiteren Hören entsprechend die Akzentsilben und vergleichen ihr Ergebnis in Partnerarbeit, dann im Plenum.
   Abschließend lesen sie in Partnerarbeit immer abwechselnd die linke und rechte Spalte.

Cartoon	Focus	Cartoon: Gesprächsanlass zum Thema „Beschwerden"
	Material	vergrößerte Kopien des Cartoons mit leeren Sprechblasen (eine pro Gruppe); Kopien von Kopiervorlage 5/5 „Schreibwerkstatt" *(Zusatzübung)*

1. Verteilen Sie an jede Kleingruppe eine vergrößerte Kopie des Cartoons mit leeren Sprechblasen. Fordern Sie die TN zunächst auf, die Situation anhand der Fragen Wer? Wo? Was? Warum? zu klären. Anschließend überlegen sie sich einen Beschwerde-Dialog für die Sprechblasen. Ermuntern Sie sie, die Redemittel von D8 mit zu verwenden. Gehen Sie herum und helfen Sie bei Problemen. Anschließend präsentieren freiwillige TN ihr Ergebnis im Plenum. Halten Sie hierfür Requisiten (einen Teller mit irgendeinem tierähnlichen Gegenstand und ein Geschirrhandtuch als Schürze für den Ober) bereit.

2. Die TN lesen den Originaltext im Buch und vergleichen ihn mit ihren Varianten. Ermuntern Sie die TN dann, von lustigen Situationen, die sie in diesem Zusammenhang in Deutschland oder in ihrem Heimatland erlebt haben, zu berichten.
   Zusatzübung: Verteilen Sie Kopien von Kopiervorlage 5/5 „Schreibwerkstatt". Die TN schreiben einen Dialog und präsentieren ihn im Plenum. Die anderen erzählen den Dialog nach.

Schreibwerkstatt: Dialoge schreiben und präsentieren; Dialoge nacherzählen (Stillarbeit oder Partnerarbeit)

F   Kurz & bündig

Diktate

Diktat

Es ist Samstagnachmittag, eine Minute nach vier. Gerade hat der Mitarbeiter des nahen Supermarktes die Mechanik der automatischen Eingangstür ausgestellt. Ich stehe vor der verschlossenen Tür und klopfe, aber irgendwie ist das Interesse des sonst so netten Herrn heute nicht mehr besonders groß. Er schenkt mir nicht mal den Hauch eines kleinen Lächelns und schüttelt genervt den Kopf: „Tut mir leid, aber wir haben schon geschlossen." signalisert er mir durch eine energische Bewegung seines Kopfes. Ich flehe ihn durch die beschmierte Scheibe der geschlossenen Tür an, mir doch noch ganz kurz zu öffnen. Irgendwann versuche ich es mit einem charmanten Lächeln, aber die Entscheidung des höflichen Mitarbeiters ist gefallen. Er zuckt noch kurz entschuldigend mit den Schultern, kehrt mir dann seinen Rücken zu und verschwindet. Die Lichter des Supermarktes gehen aus, ich stehe da und überlege, wo ich noch irgendwo etwas zu essen bekommen könnte.

Freies Diktat

Kopieren Sie die beiden Aufgaben. Diktieren Sie die Sätze und signalisieren Sie bei den Lücken mimisch-gestisch, dass die TN hier eigene Ideen ergänzen sollen.

1

Wofür möchten Sie sich gern mehr Zeit nehmen? – Ich möchte mir gern mehr Zeit _____ nehmen, _____.

Wovon sind Sie überzeugt? – Ich bin überzeugt _____, dass _____.

Worauf können Sie nicht gut verzichten? – Ich kann nicht gut _____ verzichten, _____.

Womit möchten Sie gern Schluss machen? – Ich möchte gern Schluss _____ machen, _____.

2

Es gibt Tage, da denke ich oft _____ nach, wie _____.

Dann bin ich ganz unzufrieden _____, dass _____

und habe gar keine Freude _____, _____.

Dann träume ich _____, _____. Ich habe dann gar keine Lust mehr _____, _____.

Lektion 6

A Das gibt meinem Leben Sinn!
Über den Sinn des Lebens sprechen
- A 1   OHP-Folie von KB-S. 13 *(Variante)*
- A 3   OHP-Folie mit Raster aus A3 auf KB-S. 14 und Folienstift; Kopiervorlage 6/1 „Leserbrief" *(Zusatzübung)*
- A 4   DIN-A 5-Zettel oder Karteikarten *(Variante)*

Arbeitsbuch 1 *(vor A 1 Kursbuch!)*: Assoziationen zum Thema „Lebenssinn" sammeln (Kleingruppen)

A 1
Focus	Einstieg ins Thema „Sinn des Lebens": über Fotos sprechen
Material	*Variante:* OHP-Folie von KB-S. 13

1. Betrachten Sie gemeinsam mit den TN die Fotos und lesen Sie die dazugehörigen Kurztexte. Deuten Sie dann im Buch auf die Überschrift „Das gibt meinem Leben Sinn!" und fordern Sie die TN auf, den Lebenssinn jeder einzelnen Person mit eigenen Worten zusammenzufassen.
   Variante: Decken Sie die Bildunterschriften auf der Folie ab und lesen Sie gemeinsam die Überschrift „Das gibt meinem Leben einen Sinn!" Fordern Sie die TN auf, Vermutungen über den Lebenssinn der abgebildeten Personen zu äußern. Lesen Sie anschließend die Kurztexte. Die TN vergleichen mit ihren Vermutungen.
2. Fragen Sie die TN: „Mit wem würden Sie sich gerne unterhalten?", „Wen würden Sie gern kennenlernen? Warum?"

A 2
Focus	globales Hörverständnis: Fotos den Hörtexten zuordnen

1. Spielen Sie den ersten Hörtext vor und fragen Sie die TN, welche der sechs Personen auf den Fotos der Sprecher ist. Fordern Sie die TN auf, ihre Antworten mit Angaben aus dem Hörtext zu begründen.
2. Fordern Sie die TN auf, auch die verbleibenden Hörtexte den Fotos zuzuordnen, indem sie beim weiteren Hören die entsprechenden Buchstaben eintragen. Anschließend vergleichen die TN ihre Ergebnisse erst in Partnerarbeit dann im Plenum.
   Lösung: 1C; 2E; 3A; 4F; 5B; 6D
3. Lesen Sie gemeinsam die beiden Sprüche auf KB-S. 13 und klären Sie die Bedeutung, indem Sie z. B. „der Nächste" mit dem Wort „Mitmensch" erklären. (Der Satz „Liebe deinen Nächsten wie dich selbst." stammt aus dem Alten Testament, wo es im 3. Mose 19 heißt: „Du sollst deinen Nächsten lieben wie dich selbst.") Fragen Sie dann, zu welcher der sechs Personen welcher Spruch passt. Diskutieren Sie mit den TN über die Gründe. Fragen Sie außerdem, welcher Spruch den TN persönlich besser gefällt bzw. welcher ihnen realistischer erscheint.

Internationale Kurse: Nehmen Sie die Tätigkeit von Marianne Kohn zum Anlass, um über ehrenamtliche Tätigkeiten zu sprechen. Die TN setzen sich in Ländergruppen zusammen und überlegen sich, welches die wichtigsten Hilfsorganisationen in ihren Ländern sind und was diese machen. Anschließend präsentieren die Gruppen ihre Ergebnisse im Plenum. Geben Sie Beispiele für Deutschland (vgl. Landeskunde)

Sprachhomogene Kurse: Die TN sammeln Beispiele für ehrenamtliche Tätigkeiten in ihrem Heimatland und stellen diese denen in Deutschland gegenüber.

LANDESKUNDE

Ehrenamtliche Tätigkeiten
Eine wichtige Säule des Sozialsystems in Deutschland sind die Hilfsdienste wie z. B. Deutsches Rotes Kreuz, Arbeiter-Samariter-Bund, Deutsche Lebensrettungsgesellschaft, Johanniter-Unfallhilfe und Malteser-Hilfsdienst. Die etwa 570 000 ehrenamtlichen Helfer und mehr als 460 000 Jugendhelfer sind vor allem bei Notfällen im Einsatz, unterstützen Kranke und Behinderte, kümmern sich um die Erste-Hilfe-Ausbildung und die Jugendarbeit und helfen bei Katastrophen im Ausland. Mehr als 1,7 Millionen Deutsche leisten Dienst am Nächsten in ehrenamtlichen Tätigkeiten. Die beiden großen Kirchen in Deutschland, die evangelische und die katholische Kirche, können auf rund fünf Millionen freiwillige Helfer bauen. Etwa 2,5 Millionen Menschen sind in den 85 000 Sportvereinen als Betreuer von Jugendmannschaften aktiv, organisieren Freizeiten oder führen die Vereinskasse. Insgesamt zählen die Vereine, darunter auch Musik- und Gesangvereine, rund 75 Millionen Mitglieder. Etwa acht Millionen von ihnen sind ehrenamtlich tätig.

Lektion 6

A 3	Focus	selegierendes Hörverständnis: Informationen aus den Hörtexten herausfiltern
	Material	OHP-Folie mit Raster aus A3 auf KB-S. 14 und Folienstift
		Zusatzübung: Kopien von Kopiervorlage 6/1 „Leserbrief"

1. Präsentieren Sie das Raster auf OHP und erklären Sie die Aufgabenstellung, indem Sie den ersten Hörtext vorspielen und mit den TN anschließend die dazugehörigen Angaben im Raster durchgehen. Fordern Sie die TN auf, sich ebenfalls das Raster in ihr Heft zu übertragen.
2. Klären Sie die Kategorien, indem Sie mit den TN Fragen dazu formulieren („Wie heißt die Person?", „Was gibt ihrem Leben Sinn?", „Wie kam es zu diesem Lebenssinn?", „Was macht die Person?", „Wie sehen ihre Zukunftspläne aus?"). Spielen Sie dann den zweiten Hörtext vor und ergänzen Sie gemeinsam die Notizen im Raster auf der OHP-Folie.
3. Die weiteren Hörtexte spielen Sie nun nacheinander mit Pausen vor. Geben Sie den TN nach jedem Hörtext ausreichend Zeit, die Informationen in das Raster einzutragen. Weisen Sie die TN darauf hin, dass nicht jeder Hörtext Informationen zu jeder Kategorie enthält. Anschließend vergleichen die TN ihr Ergebnis in Partnerarbeit. Fordern Sie ein Paar auf, sein Ergebnis auf OHP-Folie festzuhalten. Anschließend werden die Ergebnisse anhand der Folie im Plenum verglichen und gegebenenfalls ergänzt. Nehmen Sie Unstimmigkeiten zum Anlass für nochmaliges Hören der betreffenden Textstelle.
Lösung: 2 Marina Kistner: Reinkarnation; tiefe Lebenskrise; anderen helfen, Verbindung zu ihren Geistern und eigenen inneren Stimmen herzustellen; -; 3 Karin Strobel: Spaß haben/auf Raves gehen; Ärger mit den Eltern/keine Lehrstelle; Friseurin; Familie und Kinder 4 Ralf Ehrendorfer: anderen helfen; Aids-Infektion; Sterbebegleitung von Aidskranken; -; 5 Hans Weißenburger: sein Hund; Tod seiner Frau; für den Hund dasein; -; 6 Christine Berger: Spaß und Erfolg; -; selbstständig im Bereich Telefon-Marketing; -
4. Fragen Sie: „Wer gefällt Ihnen am besten? Warum?" und ermuntern Sie die TN in Kleingruppen über die Personen zu diskutieren.
Zusatzübung: Verteilen Sie die Kopiervorlage 6/1 und lesen Sie gemeinsam mit den TN den Zeitungsartikel über Karlheinz Böhm sowie die Aufgabenstellung. Klären Sie – wenn nötig – unbekannten Wortschatz. Die TN schreiben einen Leserbrief an die Redaktion der Zeitung, indem Sie jeweils zwei bis drei Sätze zu jedem Punkt schreiben. Erinnern Sie an die Formalia in offiziellen Briefen (Anrede, Gruß, Sie-Form etc.) und helfen Sie eventuell beim Einleitungssatz (z. B. „mit großem Interesse habe ich Ihren Artikel gelesen …" etc.)

A 4	Focus	freies Sprechen: Über den Sinn des Lebens diskutieren
	Material	*Variante:* DIN-A5-Zettel oder Karteikarten (pro Gruppe 15 bis 20)

Fragen Sie die TN: „Was gibt Ihrem Leben Sinn? Was ist für Sie wichtig im Leben? Warum?" Verweisen Sie auf die Vorgaben im Buch. Die TN wählen einen oder mehrere Stichpunkte aus und erklären Ihre Wahl.
Variante: Verteilen Sie leere Karteikarten und fordern Sie die TN jeder Gruppe auf, gemeinsam die vorgegebenen Wörter im Buch und andere ihnen wichtige Dinge darauf zu notieren. Die TN jeder Gruppe erstellen nun nacheinander ihre persönliche Rangfolge mit Hilfe von fünf bis zehn der beschrifteten Karten. Diese erklären und begründen sie dann den anderen Gruppenmitgliedern. Ermuntern Sie die anderen Fragen zu stellen. Geben Sie pro TN eine Zeit von ein paar Minuten vor, damit alle zu Wort kommen.
Zusatzübung: Die TN wählen eine allgemein bekannte Persönlichkeit und überlegen sich, was dieser Person besonders wichtig im Leben ist. Die TN formulieren ein Rätsel in 3 – 4 Sätzen. Die anderen Gruppen erraten anschließend, um wen es sich dabei handelt (z. B. Sie hat sich um arme Menschen in Indien gekümmert. Ihr Glaube war für sie sehr wichtig im Leben. 1979 erhielt sie den Friedensnobelpreis. Sie ist vor ein paar Jahren gestorben: Mutter Teresa). Gehen Sie herum und achten Sie darauf, dass es sich um für alle TN bekannte Personen handelt.

Arbeitsbuch 2–4: Wortschatz; Leseverständnis; Textzusammenfassung und freie Schreib-/Sprechübung
2 Wortschatz: Definitionen die richtigen Begriffe zuordnen (Hausaufgabe)
3 globales Leseverständnis: Überschriften den passenden Abschnitten zuordnen (Hausaufgabe)
4 Textzusammenfassung: Sätze in die richtige Reihenfolge bringen und über den Text schreiben oder diskutieren (Partnerarbeit oder Hausaufgabe)

A 5	Focus	freies Sprechen: Dialoge spielen

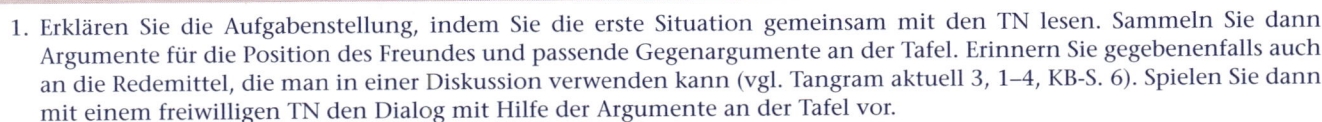

1. Erklären Sie die Aufgabenstellung, indem Sie die erste Situation gemeinsam mit den TN lesen. Sammeln Sie dann Argumente für die Position des Freundes und passende Gegenargumente an der Tafel. Erinnern Sie gegebenenfalls auch an die Redemittel, die man in einer Diskussion verwenden kann (vgl. Tangram aktuell 3, 1–4, KB-S. 6). Spielen Sie dann mit einem freiwilligen TN den Dialog mit Hilfe der Argumente an der Tafel vor.
2. Die TN lesen die restlichen Situationen. Klären Sie eventuelle Wortschatzprobleme.
3. Fordern Sie die TN auf, sich einen Partner zu suchen und den Dialog (evtl. schriftlich) vorzubereiten. Die TN überlegen sich Argumente für ihre Position und spielen anschließend ihren Dialog. Gehen Sie herum und helfen Sie bei Problemen. Achten Sie auf besonders gelungene Dialoge und ermuntern Sie die TN, ihr Ergebnis im Plenum zu präsentieren.
Variante: Übernehmen Sie selbst die Rolle einer der Personen im Buch und fordern Sie die TN auf, sich in Partner- oder Gruppenarbeit zu einer Situation Argumente zu überlegen, mit denen sie Sie überzeugen können.

Lektion 6

B Tauschbörsen

Gespräche über Tauschbörsen

- B 1   Klebezettel und Plakat mit dem Wort „Tauschbörse"
- B 3   OHP-Folie von KB-S. 16 und Folienstifte (zwei Farben)
- B 5   OHP-Folie vom Grammatik-Kasten auf KB-S. 17; Kopiervorlage 6/2 „Übung zur n-Deklination" *(Zusatzübung)*
- B 6   Packpapier und Filzstifte; Kopiervorlage 6/3 „Tauschbörse" *(Zusatzübung)*

B 1
Focus	Einstieg ins Thema „Tauschbörsen": über ein Foto sprechen
Material	Klebezettel und Plakat mit dem Wort „Tauschbörse"

1. Betrachten Sie gemeinsam mit den TN die Fotos von KB-S. 15. Fragen Sie: „Welche Dinge sind zu sehen?", „Was machen die Personen mit den Dingen?", „Wie ist das Verhältnis der Personen zueinander?" und lassen Sie die TN Vermutungen zum Thema äußern.

2. Die TN lesen die Überschrift und die beiden Fragen. Klären Sie den Begriff „Börse", indem Sie fragen, was das ist und was man dort macht (eine Art Markt, der regelmäßig an einem bestimmten Ort stattfindet und auf dem die Preise von Wertpapieren oder von bestimmten Waren, wie z. B. Kaffee, festgesetzt werden). Fordern Sie die TN auf, sich in Partnerarbeit eine Definition für das Wort „Tauschbörse" zu überlegen. Jedes Paar notiert seine Idee und die Namen auf einem Klebezettel und klebt diesen an das in der Mitte mit dem Wort „Tauschbörse" beschriftete Plakat. Am Ende der Übung B2 werden die Definitionen dann mit der „echten" verglichen.

B 2
Focus	globales Leseverständnis: über den Inhalt eines Textes Vermutungen äußern und anhand des ersten Abschnitts überprüfen

1. Die TN lesen die drei Definitionen im Buch. Klären Sie wenn nötig Wortschatzprobleme. Fordern Sie die TN auf, die richtige Lösung anzukreuzen.
2. Die TN überfliegen den ersten Textabschnitt und überprüfen ihre Vermutung. Geben Sie eine Zeit von einer Minute vor. Vergleichen Sie die revidierte Lösung anschließend im Plenum. Lesen Sie dann gemeinsam mit den TN die eigenen Definitionen aus B1, und stimmen Sie mit ihnen darüber ab, welche der Lösung am nächsten kommt.

Lösung: 2

3. Schreiben Sie die Fragen: „Woher kommt die Idee der Tauschbörse?", „Wie funktioniert sie?", „Wie bezahlt man?", „Was verdient man?" an die Tafel und fordern Sie die TN auf, den Text unter Berücksichtigung dieser Fragen noch einmal selegierend zu lesen. Sprechen Sie dann auf der Grundlage dieser Fragen über das Konzept von LETS. Deuten Sie bei dieser Gelegenheit gegebenenfalls auf das Zitat von W. Braun unter den Fotos im Buch und fragen Sie „Welche Idee steckt hinter der Tauschbörse?"

Lektion 6, zu Seite 15

Lektion 6

B 3	Focus	selegierendes Leseverständnis: einem Text gezielt Informationen entnehmen
	Material	OHP-Folie von KB-S. 16 und Folienstifte (zwei Farben)

1. Lesen Sie gemeinsam die Aufgabenstellung. Klären Sie den Begriff „Dienstleistung", indem Sie fragen, welche Wörter in ihm enthalten sind (der Dienst, leisten, die Leistung) und ein Beispiel für eine Dienstleistung geben. Sollte der Begriff immer noch unklar sein, können Sie auch die folgende Definition zur Erklärung heranziehen: eine berufliche Tätigkeit, bei der man keine Waren produziert, sondern etwas für andere tut, z. B. Arzt, Verkäufer, Beamter usw.

2. Die TN lesen den Text, unterstreichen mit zwei unterschiedlichen Farben die Informationen zu den angebotenen „Dienstleistungen" und „Vorteilen" von LETS und machen sich stichwortartig Notizen. Geben Sie eine Zeit von fünf Minuten vor. Bei dem Vergleich in Partnerarbeit unterstreicht ein Paar die gefundenen Informationen auf der OHP-Folie, die dann zum Vergleich im Plenum dient.

Lösung: **Dienstleistungen:** Reparaturarbeiten, Hilfe bei Umzügen, einkaufen, Marmelade kochen, Kinder hüten, tapezieren, Steuererklärung machen, Garten umgraben, Spülmaschinennutzung, Mittagessen kochen, älteren Menschen beim Friedhofsbesuch helfen, Briefkästen von Verreisten leeren; **Vorteile:** auch finanziell weniger flüssige Menschen können teurere Dienstleistungen in Anspruch nehmen und trotzdem angemessen bezahlen; „Geld" verdienen mit Dingen, die einem Spaß machen; Beitrag zum Umweltschutz durch Förderung der Reparatur von Gebrauchsgegenständen; Kennen lernen vieler neuer Menschen und neue Freundschaften

B 4	Focus	freies Sprechen: Diskussion möglicher Probleme und Lösungsmöglichkeiten

1. Fragen Sie die TN: „Können Sie sich vorstellen, dass es neben den Vorteilen der Tauschbörse auch Probleme gibt?", „Welche könnten das sein?" Fordern Sie die TN auf, zu dritt mit Hilfe der Vorgaben über mögliche Probleme nachzudenken und sich Lösungsmöglichkeiten zu überlegen.

2. Jede Gruppe präsentiert anschließend kurz ihre Vermutungen und Lösungen im Plenum.

Lektion 6, zu Seite 16

Lektion 6

B 5	Focus	Grammatik: Systematisierung der Formen der n-Deklination und Regelergänzung
	Material	OHP-Folie vom Grammatik-Kasten auf KB-S. 17
		Zusatzübung: Kopien von Kopiervorlage 6/2 „Übung zur n-Deklination"

1. Lenken Sie die Aufmerksamkeit der TN auf die unterstrichen Nomen aus B2 und B3. Deuten Sie dann auf der OHP-Folie auf die eingetragenen Nomen. Fordern Sie die TN auf, die Tabelle im Buch gemeinsam mit ihrem Nachbarn mit Beispielen aus dem Text zu ergänzen. Bitten Sie ein Paar, sein Ergebnis auf Folie festzuhalten und anschließend auf OHP zum Vergleich im Plenum zu präsentieren.
   Lösung: **SINGULAR: NOM:** der/ein Student; der/ein Polizist; **AKK:** den Pädagogen; den Nachbarn; den Polizisten; **DAT:** dem Studenten; dem Nachbarn; **GEN:** des Studenten; des Pädagogen; **PLURAL: NOM:** die Menschen; **AKK:** die Menschen, die Bauern; **DAT:** den Menschen

2. Fragen Sie die TN: „Welches Genus haben die Beispiele?", „Was passiert mit den Nomen im Akkusativ und Dativ Singular und im Plural?"
3. Die TN ergänzen die Regel in Partnerarbeit. Ein Paar hält seine Lösung auf der OHP-Folie fest. Anschließend Vergleich im Plenum.
   Lösung: **1** maskuline; -n oder -en; **2** Berufe; Nationalitäten; Tiere; **3** Endungen
4. Bilden Sie Dreier-Gruppen. Die Gruppen sammeln möglichst viele Nomen, die der n-Deklination folgen, indem sie die Regel anwenden und Nationalitäten, männliche Tiere etc. suchen. Geben Sie eine Zeit von einer Minute vor (möglichst mit Hilfe einer Eieruhr, um das Tempo zu erhöhen). Gestalten Sie die Auswertung als Spiel: Im Plenum liest zunächst eine Gruppe ihre Nomen vor und die anderen vergleichen ihre Wörter. Haben mehrere Gruppen dasselbe Nomen, gibt es einen Punkt, für „Unikate" gibt es zwei. Halten Sie alle Wörter an der Tafel fest und streichen Sie Doppelnennungen. Sieger ist die Gruppe mit den meisten „Unikaten".
   Zusatzübung: Verteilen Sie an jeden TN eine Kopie der Kopiervorlage 6/2. Die TN ergänzen die Lücken durch die fehlenden Endungen und vergleichen ihr Ergebnis zunächst in Partnerarbeit dann im Plenum. Anschließend schreiben die TN in Einzel- oder Partnerarbeit unter Verwendung möglichst vieler Nomen der n-Deklination eine Fortsetzung des Dialogs (auch als Hausaufgabe möglich) und präsentieren diese im Plenum.

Arbeitsbuch 5–7: Anwendungsübungen zur n-Deklination und zu den Indefinitpronomen „man" und „jemand"
- 5 Tabelle zur n-Deklination ergänzen (Hausaufgabe)
- 6 Nomen mit Endungen ergänzen (Hausaufgabe)
- 7 Indefinitpronomen „man" und „jemand" ergänzen (Partnerarbeit oder Hausaufgabe)

B 6	Focus	freies Sprechen: Planung einer Tauschbörse
	Material	Packpapier und Filzstifte;
		Zusatzübung: Kopien von Kopiervorlage 6/3 „Tauschbörse"

1. Geben Sie den TN die Aufgabe, eine eigene Tauschbörse zu gründen. Verweisen Sie auf die Fragen im Buch.

2. Die TN entwerfen in Kleingruppen mit Hilfe der vorgegebenen und weiterer Fragen ihr eigenes Tauschbörsenkonzept. Ermuntern Sie sie, möglichst attraktive Bedingungen und Dienstleistungen anzubieten. Die Ergebnisse halten die Gruppen auf einem Plakat fest, mit dessen Hilfe die Tauschbörsen präsentiert werden. Dabei sollte jedes Gruppenmitglied einen Teil übernehmen. Sie können die TN auch auffordern, sich die Plakate der anderen anzusehen und Fragen dazu zu stellen. Abschließend stimmen die TN im Plenum darüber ab, welches Konzept das beste ist und begründen ihre Meinung.
   Zusatzübung: Regen Sie die Gründung einer Tauschbörse im Kurs an. Verteilen Sie hierfür die Kopiervorlage 6/3. Die TN interviewen sich in Partnerarbeit und füllen den Fragebogen für ihren Partner aus. Ermuntern Sie die TN auch Dienstleistungen anzubieten, die sich auf das Deutschlernen beziehen, indem Sie sie fragen: „Was können Sie (nicht) gut? Wobei brauchen Sie Hilfe?" Im Plenum stellt jeder die Dienstleistung, die der Partner sucht und braucht, vor. Sammeln Sie alle angebotenen und gesuchten Dienstleistungen an der Tafel. Hängen Sie außerdem alle ausgefüllten Fragebogen im Kursraum auf, damit sich jeder über alle angebotenen Dienstleistungen informieren kann. Ermuntern Sie die TN, im Anschluss mit der Person Kontakt aufzunehmen, deren Dienstleistung sie in Anspruch nehmen bzw. der sie eine Dienstleistung anbieten wollen.

3. Lenken Sie die Aufmerksamkeit der TN auf den Lerntipp und regen Sie ein Gespräch darüber an, wie man besonders gut Wörter, Redemittel usw. lernt. Fordern Sie die TN auf, hierzu den Lerntipp im Buch zu lesen und diskutieren Sie darüber. Fragen Sie die TN auch nach eigenen Erfahrungen oder anderen Tipps.

Arbeitsbuch 8–11: Wortschatzarbeit; Hörverständnis; Schreibübung; Leseverständnis
- 8   Begriffe passenden Erläuterungen zuordnen (Hausaufgabe)
- 9   selegierendes Hörverständnis: dem Hörtext bestimmte Informationen entnehmen (Hausaufgabe)
- 10 detailliertes Hörverständnis: die Aussagen als richtig oder falsch markieren; freie Schreibübung: einen Text schreiben (Hausaufgabe)
- 11 selegierendes Leseverständnis: Personen eine passende Anzeige zuordnen (Hausaufgabe)

Lektion 6, zu Seite 17

Lektion 6

C Zwischen den Zeilen
C 1   Schnipseltext *(Variante)*

C 1 Focus   Wortschatz: Nomen-Verb-Verbindungen synonyme Wendungen zuordnen
Material   *Variante:* Schnipseltext (pro Kleingruppe)

1. Erklären Sie die Aufgabenstellung anhand des Beispiels im Buch.

2. Die TN lesen die synonymen Wendungen und ordnen sie in Partnerarbeit den Nomen-Verb-Verbindungen zu. Anschließend Vergleich in Form einer Kettenübung („Was bedeutet Auskunft geben?" – „Informieren") im Plenum.
Variante: Bereiten Sie einen Schnipseltext aus einer vergrößerten Kopie der Übung für jede Gruppe vor. Die TN versuchen nun gemeinsam, die passenden Kombinationen zu finden. Die Schnipsel können sie beliebig oft hin- und herschieben und unterschiedliche Varianten diskutieren.
Lösung: 2c; 3a; 4b; 5f; 6i; 7h; 8e; 9g; 10d

C 2 Focus   Wortschatz: einen Text mit Nomen-Verb-Verbindungen ergänzen

1. Betrachten Sie mit den TN die Aufmachung des Textes und fragen Sie: „Wo kann man diesen Text lesen? Wer hat ihn geschrieben? Warum?" (Internet, Informationstext der „Tafeln").
2. Lesen Sie den ersten Abschnitt gemeinsam und ermuntern Sie die TN, eine passende Nomen-Verb-Verbindung aus C1 zu nennen. Weisen Sie die TN darauf hin, dass die Verben konjugiert und auch in einem anderen Tempus vorkommen können.
3. Lösen Sie evtl. weitere Beispiele gemeinsam.

4. Die TN bearbeiten den restlichen Text mit ihrem Nachbarn. Anschließend vergleichen sie ihr Ergebnis mit einem anderen Paar. Gehen Sie herum und stellen Sie sicher, dass alle die richtigen Lösungen gefunden haben.
Lösung: 2 machten ... Gedanken; 3 Ratschläge geben; 4 trafen ... Entscheidung; 5 stellen ... zur Verfügung; 6 nehmen ... in Anspruch; 7 Antrag stellen; 8 steht ... zur Verfügung; 9 spielen ... keine Rolle, 10 geben ... Auskunft
Zusatzübung: Die TN ersetzen in Partnerarbeit oder schriftlich als Hausaufgabe die Nomen-Verb-Verbindungen durch ihre Synonyme.

Arbeitsbuch 12–14: Nomen und Komposita mit der Endung „-schaft": Regel und Anwendungsübungen
12   Wortbildung: Nomen mit der Endung „-schaft" aus anderen Wörtern ableiten und Regelergänzung (Hausaufgabe)
13   Wortbildung: Komposita nach Vorgaben bilden und den passenden Definitionen zuordnen (Hausaufgabe)
14   Textergänzung mit den in C2 gebildeten Komposita mit Hörkontrolle (Stillarbeit oder Partnerarbeit)

Lektion 6

D Der Ton macht die Musik

Focus   Originallied hören und lesen
Material stark vergrößerte Kopie des Liedtextes *(Variante)*

1. Schreiben Sie das Wort „Egoist" an die Tafel und fragen Sie die TN: „Was ist ein Egoist?", „Was ist typisch für seinen Charakter und sein Verhalten?" und sammeln Sie die Aussagen der TN in Form eines Wortigels oder mit der Methode „Brainstorming" (vgl. Lehrerbuch zu Tangram aktuell 2, Lektion 1, zu Seite 2).
2. Spielen Sie das Lied bei geschlossenen Büchern einmal vor und fordern Sie die TN auf, darauf zu achten, welche ihrer Aussagen im Text vorkommen. Lassen Sie dann die Aussagen nennen, die die TN verstanden haben. Unterstreichen Sie diejenigen, die mit denen an der Tafel übereinstimmen und ergänzen Sie weitere, die im Text vorkommen.
   Variante: Zerschneiden Sie die stark vergrößerte Kopie des Liedtextes und verteilen Sie an jeden TN je eine Strophe. Die Strophen können bei größeren Gruppen auch noch halbiert werden. Geben Sie den TN genügend Zeit, um ihren Textabschnitt zu lesen. Fordern Sie sie dann auf, sich um einen Tisch oder vor einer Pinnwand aufzustellen. Während Sie das Lied vorspielen, platzieren sie ihren Textteil nacheinander auf dem Tisch bzw. an der Pinnwand. Spielen Sie dann zur Kontrolle das Lied ein weiteres Mal vor und lassen Sie die TN die Reihenfolge gegebenenfalls korrigieren.
3. Die TN hören das Lied ein weiteres Mal und lesen den Text im Buch mit. Klären Sie unbekannten Wortschatz. Gehen Sie auch auf die beiden kursiv gedruckten Zeilen ein und erklären Sie, dass es sich hierbei um den österreichischen (Wiener) Dialekt handelt. Lesen Sie dann gemeinsam die biografischen Daten von „Falco" in der Infobox.

Arbeitsbuch 15–17: Übungen zu Bindung und Neueinsatz

15 Spielen Sie die ersten beiden Beispiele vor und verdeutlichen Sie mit Hilfe der Erklärung im Buch, dass die Wörter mit einander verbunden werden und deshalb wie ein Wort klingen. Machen Sie auch auf den Wortgruppenakzent aufmerksam. Die TN hören die restlichen Beispiele, sprechen sie nach und unterstreichen den Wortgruppenakzent. Vergleich in Partnerarbeit, dann im Plenum. Ermuntern Sie die TN, sich die Regeln zur Aussprache der Konsonanten zu Hause durchzulesen.

16 Die TN ergänzen in Partnerarbeit die fehlenden Buchstaben. Um die Ergebnisse im Plenum zu vergleichen, schreibt ein Paar sein Ergebnis auf Folie. Lesen Sie dann den Hinweis im Kasten und erklären Sie anhand der Beispiele die beiden Regeln. Anschließend hören die TN die Beispiele und sprechen sie nach.

17 Spielen Sie den ersten Dialog vor. Deuten Sie im Buch auf die markierten Bindungen und Neueinsätze vor Vokalen und Diphthongen. Verweisen Sie nötigenfalls auf den Merkkasten zum Neueinsatz. Fordern Sie dann die TN auf, Bindungen und Neueinsätze in den anderen beiden Dialogen zu markieren. Spielen Sie danach zum Vergleich den Hörtext vor. Geben Sie anschließend ausreichend Zeit zum Üben der Dialoge in Partnerarbeit. Wer möchte, präsentiert sein Ergebnis im Plenum.

Lektion 6, zu Seite 19

Lektion 6

E Umweltschutz

Gespräche über Umweltschutz

E 1, E 2	OHP-Folie von KB-S. 20
E 5	Kopiervorlage 6/4 „Würfelspiel zu statt/anstatt-Sätzen"; Würfel und Spielfiguren *(Zusatzübung)*
E 7	vergrößerte und auseinandergeschnittene Kopien der Aussagen von KB-S. 23

E 1
Focus   Einstieg ins Thema „Umweltschutz": über Fotos sprechen
Material   OHP-Folie von KB-S. 20

Präsentieren Sie die Fotos von KB-S. 20 auf OHP und fordern Sie die TN auf, die Fotos zu beschreiben. Stellen Sie gegebenenfalls Fragen wie: „Was sehen Sie auf dem Foto?", „Ist das umweltfreundlich oder nicht?", „Welches Problem wird hier dargestellt?", „Was kann man dagegen tun?"

LANDESKUNDE

Umweltschutz

Mit der Gründung des „Club of Rome" 1968 versuchten unabhängige Fachleute verschiedenster Nationen auf globale Umweltprobleme aufmerksam zu machen. Auch in Deutschland beginnt man sich seit Ende der 60-er Jahre verstärkt mit Umweltfragen auseinander zu setzen. Themen wie: Beseitigung bzw. Vermeidung von Müll, Luftverschmutzung, saurer Regen, die Sicherheit oder Gefährlichkeit von Atomkraftwerken werden öffentlich kontrovers diskutiert.
Es entstanden Organisationen wie z. B. „Greenpeace" (1971 in Kanada; seit 1980 deutsche Sektion), die sich international und national für die Belange der Umwelt einsetzen.
1980 wurde in Deutschland die Partei der „Grünen" gegründet, in deren Parteiprogramm der Umweltschutz einen breiten Raum einnimmt. Bei den Bundestagswahlen 1983 erhielten sie 5,6 % der Stimmen.
Ebenso engagierten sich viele Menschen in Bürgerinitiativen und in der Anti-AKW-Bewegung (AKW = Atomkraftwerk).
Seit 1986 gibt es ein Abfallgesetz. Zunächst stellte man nur Container für Papier und Glas auf, seit 1992 gibt es Tonnen für anderen Verpackungsmüll und seit einiger Zeit auch Tonnen für Biomüll.

E 2
Focus   Wortschatz: Begriffe den Fotos zuordnen
Material   OHP-Folie von KB-S. 20

1. Zeigen Sie die ganze Seite 20 und lesen Sie mit den TN den Begriff „Abfall". Fragen Sie: Welches Foto passt zu diesem Begriff? Lesen Sie gemeinsam weitere Wörter, bis den TN die Aufgabenstellung klar ist.
Lösung: Foto **C**: Abfall

2. Die TN lösen die restlichen Beispiele in Partnerarbeit und schreiben ihre Lösung unter die Fotos im Buch. Bitten Sie ein Paar, seine Lösung auf der OHP-Folie festzuhalten und im Plenum zu präsentieren.
Lösung: **A**: Atomenergie; **B**: Alternative Energien; **C**: Abfall, Müll, Konsum, Mülltrennung; **D**: Schädlingsbekämpfung; **E**: Umweltkatastrophen; **F**: Stau, Abgase; **G**: öffentliche Verkehrsmittel

Lektion 6

| E 3 | Focus | selegierendes Hörverständnis: Notizen machen; Gespräch über „Umweltschutz" |

1. Lenken Sie die Aufmerksamkeit der TN auf das Foto. Fragen Sie: „Wo ist das?", „Was machen die beiden Personen?" (auf der Straße/in einer Fußgängerzone, ein Interview durchführen).
2. Erklären Sie die Aufgabenstellung, indem Sie fragen: „Was machen die Leute für die Umwelt?" Spielen Sie die ersten beiden Interviews vor und deuten Sie auf die entsprechenden Angaben auf dem Notizzettel.
3. Hören Sie gemeinsam das dritte Interview. Sammeln Sie dann an der Tafel, was der Betreffende für die Umwelt tut.

Lösung: **3. Interview:** Müll trennen, wenig heizen, duschen statt zu baden, wenig fliegen

4. Die TN hören die restlichen Interviews. Geben Sie ihnen genügend Zeit, sich Notizen zu machen und stoppen Sie, wenn nötig, zwischen den Interviews. Die TN vergleichen ihre Notizen zunächst mit ihrem Nachbarn, dann im Plenum. Halten Sie das Ergebnis an der Tafel fest.

Lösung: **4. Interview:** keinen Müll auf die Straße werfen; **5. Interview:** Getränke und Joghurt in Pfandflaschen/-gläsern, alte Batterien zurück ins Geschäft, abgelaufene Medikamente in die Apotheke, alternative/biologisch abbaubare Putzmittel; **6. Interview:** nichts; **7. Interview:** keine Fertiggerichte und Dosen, Einkaufstasche, umweltfreundliche/energiesparende Waschmaschine; **8. Interview:** eigener Obst- und Gemüseanbau, natürliche Mittel zum Düngen und Insektenvernichten; **9. Interview:** keine Synthetik, kein Plastik, Wassersparen durch Stopp-Taste beim WC

5. Fragen Sie die TN: „Welches Verhalten finden Sie gut/schlecht/ungewöhnlich? Warum?". In Inlandskursen können Sie auch die Frage stellen, was den TN in Bezug auf Umweltschutz in Deutschland aufgefallen ist (z. B. Glas-, Altpapier-Container; Recycling-Höfe; Verpackungsrücknahme im Supermarkt etc.).

Internationale Kurse: Die TN berichten und diskutieren in Kleingruppen über die Umweltprobleme ihrer Länder. Achten Sie darauf, dass in einer Gruppe möglichst verschiedene Nationalitäten vertreten sind. Stellen Sie folgende Fragen: „Welche Umweltprobleme gibt es in Ihrem Land?", „Was wird dagegen von Seiten der Regierung/der Bevölkerung getan?". Im Anschluss können die Gruppen im Plenum noch über Gemeinsamkeiten und Unterschiede der einzelnen Länder berichten.

Sprachhomogene Kurse: Vergleichen Sie im Plenum die Umweltprobleme Deutschlands mit denen im Herkunftsland der TN und diskutieren Sie Lösungsmöglichkeiten.

| E 4 | Focus | Grammatik: Nebensätze mit „statt ... zu + Infinitiv", „(an)statt dass" und die Präposition „statt + Genitiv" (Zuordnungsübung) |

1. Erklären Sie die Aufgabenstellung anhand des Beispiels im Buch. Lesen Sie gemeinsam mit den TN den Satzanfang. Fragen Sie: Welche Satzhälfte passt?
2. Lösen Sie weitere Beispiele gemeinsam.

3. Die TN lösen die restlichen Aufgaben und vergleichen anschließend ihr Ergebnis mit ihrem Nachbarn. Zur Kontrolle im Plenum spielen Sie noch einmal den Hörtext vor.

Lösung: 2f; 3k; 4l; 5a; 6g; 7b; 8h; 9j; 10i; 11c; 12d

Lektion 6, zu Seite 21

Lektion 6

| Fortsetzung von E 4 | Focus: | Grammatik: Nebensätze mit „statt ... zu + Infinitiv", „(an)statt dass" und die Präposition „statt + Genitiv" (Regelergänzung) |

4. Lenken Sie die Aufmerksamkeit der TN auf die Nebensatzkonstruktionen mit „statt...zu" und „(an)statt dass" sowie auf die Präposition „statt", indem Sie je einen Beispielsatz aus der Übung an die Tafel schreiben und Konjunktionen und Verb sowie Präposition und Nomen unterstreichen. Fordern Sie dann die TN auf, in den restlichen Sätzen nach diesen Konjunktionen und Präpositionen zu suchen und diese zu unterstreichen.

5. Deuten Sie auf den Regelkasten und die zuvor gelösten Beispielsätze im Buch. Klären Sie dann die einzusetzenden Begriffe, indem Sie Beispiele an der Tafel geben und ergänzen Sie gemeinsam mit den TN die erste Regel.

6. Fordern Sie die TN auf, die (restlichen) Regeln mit den vorgegebenen Begriffen in Partnerarbeit zu ergänzen. Vergleich im Plenum.

Lösung: 1 Gegensatz; 2 Nebensatz; Infinitiv + zu; das Subjekt; 3 Genitiv

| E 5 | Focus | Grammatik: gelenkte Anwendungsübung zu „statt" und „anstatt" |
| | Material | *Zusatzübung:* Kopien von Kopiervorlage 6/4 „Würfelspiel zu statt/anstatt-Sätzen" (pro Gruppe je eine Kopie); Würfel und Spielfiguren |

1. Erläutern Sie die Aufgabenstellung, indem Sie auf das erste Beispiel deuten und die beiden kursiv gedruckten Varianten vorlesen.

2. Machen Sie das zweite und eventuell das dritte Beispiel gemeinsam und notieren Sie die Sätze an der Tafel. Fordern Sie die TN dann auf, die nächsten zwei bis drei Beispiele schriftlich zu machen und lassen Sie diese im Plenum vorlesen.

3. Die TN teilen die Sätze unter sich auf (einer wählt die geraden, der andere die ungeraden Beispiele) und formulieren sie zunächst schriftlich. Damit die TN nicht wieder mit ihrem unmittelbaren Nachbarn zusammen arbeiten, können sie ihnen auch per Los (z. B. Zahlen) einen neuen Partner zuteilen. Gehen Sie herum und achten Sie auf die korrekte Verwendung von „statt" und „anstatt". Sammeln Sie häufige Fehler und besprechen Sie sie im Plenum. Anschließend unterhalten sich die TN mit Hilfe der zuvor formulierten Sätze und begründen ihre Aussagen wie in den kursiv gedruckten Beispielen.

Zusatzübung: Verteilen Sie an jede Gruppe einen Spielplan (Kopiervorlage 6/4) und einen Würfel, sowie eine Spielfigur pro TN. Der Spielplan hat zwei verschiedene Felder: ein Feld mit Satzanfängen oder -enden, z. B. „Anstatt ..., fahre ich immer mit dem Fahrrad."; „Ich kaufe immer Pfandflaschen, statt ...". Und ein Feld mit Fragezeichen. Die TN würfeln nun der Reihe nach und ergänzen je nach Feld entweder einen Satz mit „statt" und „anstatt" oder nennen auf den Fragezeichenfeldern ein Nomen, das der n-Deklination folgt. Gehen Sie herum und helfen Sie bei Problemen.

Arbeitsbuch 18–19: Systematisierung der Sätze mit „(an)statt"
18 Sätze mit „(an)statt" schreiben (Hausaufgabe)
19 Sätze mit „(an)statt" schreiben (Hausaufgabe)

| E 6 | Focus | Grammatik: freie Anwendungsübung zu „(an)statt ... zu", „anstatt dass" und anderen Konjunktionen; über Umweltschutz sprechen |

1. Bilden Sie Gruppen und erläutern Sie den TN die Aufgabe. Lassen Sie einige Sätze mit den Satzanfängen im Buch bilden, bis die Aufgabe verstanden ist.

2. Die Gruppen schreiben möglichst viele Sätze, in denen sie sagen, was sie für die Umwelt tun. Dabei ist es wichtig, dass sie als Gruppe den Aussagen zustimmen können. Die vorgegebenen Verben dienen als Anregung; die TN können natürlich auch andere benutzen.

Arbeitsbuch 20–21: Systematisierung der Grammatik; Sprechübung
20 Nebensätze sinnvoll zusammenfügen (Hausaufgabe)
21 Sprechübung zur Anwendung von „statt" und „(an)statt ... zu" (Partnerarbeit oder Hausaufgabe)

Lektion 6, zu Seite 22

Lektion 6

E 7	Focus	Aussagen zum Thema „Umwelt" diskutieren
	Material	pro Gruppe eine vergrößerte und auseinandergeschnittene Kopie der Aussagen von KB-S. 23

Jede Vierergruppe erhält die auseinandergeschnittenen Pro- und Contra-Aussagen und setzt sie gemeinsam zusammen. Klären Sie mögliche Wortschatzprobleme anschließend im Plenum. Jede Gruppe diskutiert die fünf Themen. Geben Sie hierfür eine Zeit vor (pro Thema ca. 3 – 5 Minuten). Weisen Sie zur formalen Gestaltung der Diskussion auf die Redemittel (vgl. zu Seite 3) hin und ermuntern Sie die TN, diese zu verwenden. Fordern Sie die Gruppen abschließend auf, im Plenum über die interessantesten Argumente zu den Themen zu berichten. Je nach Interesse der TN kann sich daraus eine abschließende Plenumsdiskussion ergeben.

Cartoon	Focus	Über einen Cartoon zum Thema „Umwelt" sprechen
	Material	OHP-Folie des Cartoons ohne die Beschriftung „Altmensch"
		Klebezettel
		Kopien von Kopiervorlage 6/5 „Schreibwerkstatt" *(Zusatzübung)*

1. Präsentieren Sie das Foto, auf dem Sie die Beschriftung für die rechte Tonne weglassen, auf OHP. Fordern Sie die TN auf zu beschreiben, was sie sehen. Fragen Sie sie dann: „Wofür könnte die dritte Tonne sein?" Verteilen Sie je einen Klebezettel pro TN und fordern Sie die TN auf, ihre Idee darauf zu notieren. Zeichnen Sie eine Mülltonne an die Tafel und bitten Sie die TN, ihre Zettel um die Tonne herum anzuordnen. Lesen Sie dann gemeinsam alle Vorschläge, lassen Sie die TN diese begründen und diskutieren.
2. Die TN öffnen das Buch und vergleichen die Beschriftung im Buch mit ihren eigenen Ideen. Fragen Sie die TN: „Was könnte die Aussage des Cartoons sein?" und diskutieren Sie über mögliche Interpretationen (z. B. „Menschen werden wie Müll behandelt", „Es wird mehr für die Umwelt als für alte Menschen getan.").
Zusatzübung: Wenn Sie eine Zusatzübung machen möchten, können Sie Kopien der Kopiervorlage 6/5 „Schreibwerkstatt" verteilen. Die TN schreiben als Hausaufgabe die „Lebensgeschichte" eines Müllgegenstands.

Lektion 6, zu Seite 23

F Kurz & bündig

Diktate

Diktat

Liebe/r ...,
seit drei Monaten bin ich nun in Deutschland und fühle mich hier schon richtig wohl. Ich habe ein Zimmer in einer Wohngemeinschaft gefunden. Dort wohne ich mit zwei netten deutschen Studenten zusammen. Manchmal essen und kochen wir gemeinsam. Für mein Deutsch ist das natürlich super: Statt Russisch zu sprechen, unterhalte ich mich nun immer auf Deutsch! Am Anfang war für mich vieles neu und etwas ungewöhnlich. Das fing schon beim Abwaschen an. Anstatt wie bei uns das Geschirr unter laufendem Wasser abzuwaschen, lassen meine Mitbewohner die Spüle voll mit Wasser laufen. Ich weiß inzwischen, dass sie das tun, weil sie an die Umwelt denken und Wasser sparen wollen. Das sehe ich ein und mache das nun auch so, aber ich tue es eigentlich nicht gerne: Das Wasser wird viel zu schnell schmutzig, finde ich. Sehr gut gefällt mir aber die Mülltrennung. In unserer Küche stehen drei Mülleimer: einer für Biomüll, einer für Plastik und einer für den normalen Müll. Durch dieses System können viele Stoffe wieder verwertet werden und so kompliziert, wie es klingt, ist es gar nicht. Beim nächsten Mal schreibe ich einen längeren Brief!
Viele Grüße, Deine Irina

Die TN schreiben einen Antwortbrief.

Freies Diktat

Die TN ergänzen die folgenden Sätze.

Statt morgens früh aufzustehen, ...

Ich liege viel lieber faul in der Sonne, (an)statt ...

Ich fahre viel lieber mit dem Fahrrad zur Schule, (an)statt ...

Statt den ganzen Tag fernzusehen, ...

Meine Tochter sollte lieber für die Schule lernen, (an)statt ...

Es ist besser Sport zu treiben, (an)statt ...

Anstatt jeden Tag zu kochen, ...

Ich beschäftige mich lieber mit _____, (an)statt ...

Lektion 7

A Ferngesehen – gern gesehen
Über Fernsehsendungen und -gewohnheiten sprechen

- A 4 Kopiervorlage 7/1 „Rollenvorgaben" *(Zusatzübung)*
- A 5 OHP-Folie mit den Beispielsätzen von Aufgabe A5, KB-S. 27
- A 6 OHP-Folie des Lückentextes von Aufgabe A6, KB-S. 27; Kopiervorlage 7/2 „Alles erledigt?"
- A 8 Kopiervorlage 7/3 „Leben ohne Fernseher: Gründe und Auswirkungen"

Arbeitsbuch 1 *(vor A 1 Kursbuch!):* Wortschatzarbeit: Wortkarten schreiben zur Systematisierung des Wortfeldes „Medien", Erraten der Überschriften für die Wortgruppen, mündlich oder schriftlich über persönliche Mediennutzung berichten (im Kurs)

A 1 Focus Einstieg ins Thema „Medienwelten": Fotos und Bezeichnungen für Fernsehsendungen einander zuordnen, Gespräch über Fernsehverhalten

1. Geben Sie den TN ausreichend Zeit zum Betrachten der Fotos und fordern Sie sie auf, kurz zu beschreiben, was auf den einzelnen Fotos zu sehen ist. Lesen Sie gemeinsam die Bezeichnungen für Fernsehsendungen, ohne jedoch den Wortschatz näher zu erklären.
2. Fordern Sie die TN auf, den Fotos eine passende Bezeichnung zuzuordnen und lösen Sie das erste Beispiel gemeinsam. Die TN versuchen dann, zu zweit passende Bezeichnungen für die restlichen Fotos zu finden.
3. Gehen Sie die Fotos der Reihe nach durch und lassen Sie die TN dabei ihre Lösungen nennen. Bei voneinander abweichenden Antworten sollten die TN ihre Lösungen begründen und diskutieren. Ermuntern Sie die TN anschließend, die noch verbleibenden Bezeichnungen zu klären, indem sie beschreiben, was in den jeweiligen Sendungen gezeigt wird, oder ein international bekanntes Beispiel nennen.
Lösung: **A** Tierfilm; **B** Krimi; **C** Nachrichten; **D** Talkshow; **E** Zeichentrickfilm; **F** Quizsendung
4. Lesen Sie die Fragen gemeinsam mit den TN und fordern Sie sie auf, in Kleingruppen über ihre Lieblingssendungen und ihr Fernsehverhalten zu sprechen. Anschließend vergleichen die TN ihre Ergebnisse mit der Statistik. Für den folgenden Bericht im Plenum sollte sich ein freiwilliger TN pro Gruppe Notizen machen.
5. Die Kleingruppen berichten im Plenum und vergleichen ihre Ergebnisse. Erstellen Sie zusammen eine „Hitliste" der Lieblingssendungen im Kurs und lassen Sie die durchschnittliche Fernsehdauer im Kurs errechnen.
Zusatzübung: Fragen Sie die TN, ob und wie sie das Fernsehen zum Deutschlernen nutzen. Lassen Sie freiwillige TN berichten, welche Sendungen sie für geeignet halten und bei welchen ihnen das Verstehen noch sehr schwer fällt.

A 2 Focus Wortschatzarbeit zum Thema „Medienberufe"

1. Fordern Sie die TN auf, die Berufsbezeichnungen zu lesen und den Fotos in A1 zuzuordnen. Lösen Sie das erste Beispiel gemeinsam, indem Sie fragen: „Bei welcher Fernsehsendung gibt es einen Showmaster bzw. eine Showmasterin?", „Was macht man in diesem Beruf?"
2. Die TN versuchen zunächst, sich die Berufsbezeichnungen mit Hilfe der Fotos zu erschließen. Bei Problemen können sie auf ihre Wörterbücher zurückgreifen.
3. Gehen Sie die Berufe der Reihe nach durch und fragen Sie nach den passenden Fotos. Die TN vergleichen und diskutieren bei Bedarf ihre Ergebnisse. Zum Abschluss können Sie die TN die Berufsbezeichnungen, denen kein Foto zuzuordnen ist, noch erläutern lassen.
Lösung: Showmaster/in: **F**; Reporter/in: -; Kameramann/frau: -; Moderator/in: **D**; Ansager/in: -; Schauspieler/in: **B**; Nachrichtensprecher/in: **C**; Regisseur/in: -;

Arbeitsbuch 2–4: Wortschatzarbeit zum Thema „Fernsehen"
2 Wortbildung: Komposita mit „Fernseh-" und „-fernsehen" bilden und mit Worterklärungen verbinden (Partnerarbeit oder Hausaufgabe)
3 Wortbildung: Wörter aus Silben kombinieren (Partnerarbeit oder Hausaufgabe)
4 Wortschatzarbeit: Medienberufe systematisieren und Tätigkeiten beschreiben (Hausaufgabe)

Internationale Kurse: Fragen Sie die TN nach den Unterschieden zwischen dem deutschen Fernsehen und dem Fernsehen in ihren Ländern: Mögliche Fragen wären: „Sind die Fernsehsender staatlich, privat oder öffentlich-rechtlich?", „Welche Sendungen sind in Ihren Ländern besonders populär?", „Werden ausländische Filme synchronisiert, oder bleiben sie im Original mit Untertiteln? Was finden Sie besser? Warum?", „Gibt es bei Ihnen Talkshows? Über was für Themen spricht man da? Gibt es Unterschiede zu deutschen Talkshows?"

Sprachhomogene Kurse: Fragen Sie die TN nach den Unterschieden zwischen dem deutschen Fernsehen und dem Fernsehen in ihrem Land und gehen Sie dabei auch auf die Rolle von öffentlich-rechtlichen und privaten Fernsehsendern ein. Bitten Sie die TN herauszufinden, welche deutschen Sendungen vor Ort zu empfangen sind und lassen Sie aus dem Programm bestimmte Sendungen heraussuchen, die den TN für besonders geeignet zum Deutschlernen erscheinen. Legen Sie eine Liste an, die TN entscheiden, welche der Sendungen sie sich ansehen möchten und berichten später darüber.

Lektion 7

A 3 | Focus | Aussagen zum Thema „Fernsehverhalten von Kindern" diskutieren

1. Erläutern Sie die Aufgabenstellung, indem Sie die erste Aussage mit den TN lesen und darüber abstimmen lassen, welche TN diese Aussage richtig oder falsch finden. Diskutieren Sie die Antwort kurz im Plenum und gehen Sie dann die restlichen Aussagen der Reihe nach durch, um eventuelle Wortschatzprobleme gemeinsam zu klären. Danach kreuzen die TN in Einzelarbeit für jede Aussage „richtig" oder „falsch" an. Wichtig ist, dass sie sich spontan für eine Antwort entscheiden, auch, wenn das schwer fällt. Sie können die Ergebnisse in Form eines Meinungsspektrums an der Tafel sammeln, indem Sie die TN per Handzeichen signalisieren lassen, ob sie der Aussage zustimmen oder nicht.
2. Die TN diskutieren ihre Entscheidungen anschließend in Partnerarbeit oder Kleingruppen. Fragen Sie im Plenum, bei welchen Aussagen es Unstimmigkeiten gab und lassen Sie einige TN aus ihren Kleingruppen berichten. Im Idealfall ergibt sich daraus recht schnell eine kontroverse Plenumsdiskussion und Sie sind mitten im „Thema".

A 4 | Focus | selegierendes/detailliertes Leseverständnis: Informationen im Text zu den Aussagen aus A3 suchen
| Material | *Zusatzübung:* Kopien von Kopiervorlage 7/1 „Rollenvorgaben"

1. Ermuntern Sie die TN, den Text zu lesen und dabei nach Informationen zu den vorab diskutierten Aussagen aus A3 zu suchen. Demonstrieren Sie das Vorgehen mit Hilfe des Beispiels im Buch. Weisen Sie die TN darauf hin, dass der Text nicht zu allen Aussagen Informationen liefert.
2. Die TN vergleichen ihre Lösungen im Plenum und vergleichen dann die Informationen im Text mit den Ergebnissen des Meinungsspektrums im Kurs. Diskutieren Sie voneinander abweichende Lösungen und Meinungen im Plenum.
Lösung: Aussage 5: Zeile 35-36; Aussage 6: Zeile 2-3 / 6-11; Aussage 10: Zeile 19-24
Zusatzübung: Die TN versuchen zusätzlich noch die Textstellen zu finden, in denen indirekte Informationen zu den Aussagen geliefert werden. Demonstrieren Sie dies entweder mit Hilfe der vorangegangenen Lösungsversuche der TN oder anhand des Beispiels von Aussage 4 und den Informationen in Zeile 27-28.
Lösung: Aussage 4: Zeile 27-28; Aussage 7: Zeile 23-26; Aussage 9: Zeile 31-34
3. Bereiten Sie die Gespräche in Kleingruppen vor, indem Sie die TN auf die Frage zum Fernsehverhalten von Kindern im Buch hinweisen und sie ermuntern, zusätzliche Fragen zum Thema zu entwickeln. Die TN können dazu auch die vorab diskutierten Aussagen nutzen, indem sie diese in Fragen umformulieren. (z. B. 1. „Welchen Einfluss hat das Fernsehen Ihrer Erfahrung nach auf Kinder?", 2. „Haben Sie schon einmal erlebt, dass Fernsehen die sprachliche Entwicklung von Kindern fördert?") Sammeln Sie die Fragen an der Tafel und fordern Sie die TN dann auf, ein Partnerinterview durchzuführen, über dessen Ergebnisse sie abschließend in Kleingruppen berichten.
Zusatzübung: Spielen Sie eine Talkshow zum Thema „Ist Fernsehen für Kinder schädlich?" (vgl. Methodentipp). Mögliche Rollenkärtchen finden Sie auf der Kopiervorlage 7/1.

METHODE

Eine Talkshow spielen
Diese Form der Plenumsdiskussion eignet sich besonders, wenn Sie sehr kontroverse Themen im Unterricht behandeln.
Vergeben Sie dazu im Kurs verschiedene Rollen – per Los oder an Freiwillige:
– Ein oder zwei Moderator(en): Sie moderieren die Sendung und sollen sich Fragen an die Experten überlegen.
– Verschiedene Experten: Sie bekommen Rollenkärtchen mit einer Kurzbeschreibung ihrer Person/Funktion und einer These, die sie vertreten (Achtung: gleichmäßige Verteilung von Pro und Contra)
– Das Publikum: Die anderen TN spielen die Zuschauer. Sie stellen Zwischenfragen bzw. werden in der Sendung um ihre Meinung gebeten.
Geben Sie den TN eine kurze Vorbereitungszeit, so dass sie sich allein oder in Gruppen Argumente und/oder Fragen überlegen können. Gehen Sie herum und helfen Sie mit Vorschlägen. Die Rollen der „Experten" können ruhig etwas übertrieben und provokativ formuliert werden. Dann macht die Diskussion mehr Spaß. Es ist sinnvoll, den Raum entsprechend zu gestalten, so dass die „Experten" vorne im Halbkreis sitzen und in Richtung „Publikum" sehen. Legen Sie unbedingt einen zeitlichen Rahmen fest (höchstens 15 – 20 Minuten Diskussion). Die Moderatoren beginnen dann mit der Begrüßung der Gäste und sagen auch am Ende ein paar abschließende Worte.

LANDESKUNDE

Fernsehen in Deutschland
Öffentlich-rechtliches Fernsehen und Privatfernsehen
ARD und ZDF sind die öffentlich-rechtlichen Fernsehsender in Deutschland. „Die Sendungen dienen der Bildung, Unterrichtung und Unterhaltung", heißt es in den Rundfunkgesetzen. Die Rundfunk- und Verwaltungsräte kontrollieren, dass ARD und ZDF diese Programmgrundsätze einhalten. In diesen Aufsichtsgremien sitzen stellvertretend für die Öffentlichkeit Vertreter wichtiger gesellschaftlicher Gruppen, darunter Politiker aus den verschiedenen Parteien und aus den Landesregierungen, Vertreter der Universitäten, der Kirchen und des Zentralrats der Juden, Mitglieder von Jugendorganisationen und Lehrrervereinigungen sowie Vertreter der Arbeitgeberverbände und Gewerkschaften. Die beiden größten Privatsender in Deutschland sind SAT 1 und RTL. Sie haben innerhalb weniger Jahre die „alten" Fernsehanstalten ARD und ZDF in der Zuschauergunst eingeholt. Beide Privatsender zeigen „Vollprogramme", also sowohl Informationen wie auch Unterhaltung, wobei das unterhaltende Programmangebot überwiegt. Andere Privatsender beschränken sich auf ein „Spartenprogramm" aus Musik, Sport oder Nachrichten. In den einzelnen Bundesländern wachen die so genannten „Landesmedienanstalten" über den Privatfunk. Sie vergeben die Sendelizenzen, ohne die kein Privatsender Programme ausstrahlen darf. Sie achten darauf, dass finanzstarke Bewerber nicht zu viele Sender kaufen und damit die Möglichkeit bekommen, mit ihren Sendern die öffentliche Meinung in ihrem Interesse zu beeinflussen.

Rundfunkgebühren
Jeder, der einen Fernseher oder ein Radio hat, muss in Deutschland Rundfunkgebühren zahlen.
Die Rundfunkgebühren erhalten nur die öffentlich-rechtlichen Sender. Die Privatsender müssen ihren Sendebetrieb allein mit den Werbespots finanzieren, für die Spielfilme oder Shows regelmäßig unterbrochen werden.

Lektion 7, zu Seite 26

Lektion 7

A 5	Focus	Grammatik: Differenzierung der Formen und Funktionen von Vorgangs- und Zustandspassiv
	Material	OHP-Folie mit den Beispielsätzen von Aufgabe A5, KB-S. 27

1. Lesen Sie die Arbeitsanweisung gemeinsam mit den TN und fordern Sie sie auf, den Text aus A4 noch einmal zu lesen, um so die fehlenden Verben zu ergänzen.
2. Die TN ergänzen die Verben und nennen anschließend ihre Lösungen. Ergänzen Sie dabei die Lücken auf der OHP-Folie.
   Lösung: 1 frustriert sind; 2 sind … gestresst; 3 eingeschaltet wird; 4 wird … gezappt; 5 werden … verboten; 6 überzeugt sind
3. Fragen Sie die TN, ob es sich bei den Beispielen um einen Zustand bzw. ein Resultat („Wie sind sie?") oder um eine Handlung bzw. einen Prozess („Was passiert?") handelt. Lösen Sie die Beispielsätze 1 und 4 gemeinsam, um den Unterschied zu verdeutlichen. Fragen Sie dazu, welche Verben ausdrücken, dass etwas passiert (Beispiel 4 = Prozess) und welche Verben zeigen, wie etwas ist (Beispiel 1 = Zustand).
4. Die TN bearbeiten die restlichen Beispiele in Partnerarbeit, markieren A oder B und vergleichen die Lösungen anschließend im Plenum. Nehmen Sie eventuelle Unstimmigkeiten zum Anlass, den Unterschied zwischen Zustand/Resultat und Handlung/Prozess noch eingehender zu erklären.
   Lösung: A: 1,2,6; B: 3,4,5
5. Lenken Sie die Aufmerksamkeit der TN auf den Beispielsatz 4 und erinnern Sie sie mit Hilfe der ergänzten Verben an die Bildung und Funktion des Passivs. Verweisen Sie dann auf die Infobox, um zu verdeutlichen, wie das Passiv im Präteritum gebildet wird. Lesen Sie dazu noch ein weiteres Beispiel aus dem Text vor (Zeile 27: „befragt wurden"). Heben Sie zusammenfassend hervor, dass das Passiv normalerweise mit dem Präsens oder Präteritum von „werden" + Partizip Perfekt gebildet wird. Machen Sie die TN anschließend mit Hilfe der Beispielsätze (1,2,6) darauf aufmerksam, dass man das Passiv auch mit „sein" bilden kann, wenn es nicht um einen Prozess, sondern um einen Zustand oder ein Resultat geht. Demonstrieren Sie anhand der Beispiele, dass das Partizip Perfekt in diesem Fall wie ein Adjektiv funktioniert.
6. Fordern Sie die TN auf, die Regel in Partnerarbeit zu ergänzen und vergleichen Sie die Lösungen danach im Plenum.
   Lösung: 1 werden; Handlungen oder Prozesse; 2 sein; Adjektiv

Arbeitsbuch 5: Systematisierung der Grammatik: Sätze mit „sein" und „werden" und dem Partizip Perfekt bilden (Hausaufgabe)

A 6	Focus	gelenkte Anwendungsübung: Vorgangs- und Zustandspassiv
	Material	OHP-Folie des Lückentextes von Aufgabe A6, KB-S. 27
		Kopien von Kopiervorlage 7/2 „Alles erledigt?"

1. Fordern Sie die TN auf, den Text mit den vorgegebenen Verben im Passiv zu ergänzen und dabei jeweils mit Hilfe der Regel aus A5 zu entscheiden, ob das Passiv mit „werden" oder „sein" gebildet werden muss. Lösen Sie das erste Beispiel gemeinsam.
2. Fragen Sie die TN nach dem Partizip Perfekt der zu ergänzenden Verben und sammeln Sie die Formen an der Tafel. Erinnern Sie die TN daran, dass „werden" im Nebensatz am Ende stehen muss und sie aufpassen müssen, ob es sich beim Subjekt um Singular oder Plural handelt. Verdeutlichen Sie diese Hinweise, indem Sie sie auch noch das zweite Beispiel gemeinsam lösen lassen und dem ersten gegenüberstellen.
3. Die TN versuchen, in Partnerarbeit die passenden Formen zu finden und ergänzen den Text. Ein freiwilliges Paar schreibt die fehlenden Verbformen auf OHP-Folie, so dass die Lösungen im Anschluss im Plenum verglichen werden können. Lassen Sie die TN bei Unstimmigkeiten noch einmal (evtl. mit Hilfe der Fragen „Passiert etwas?", „Wie ist das?") über den Unterschied zwischen Zustand/Resultat und Handlung/Prozess diskutieren.
   Lösung: 1 gezeigt werden; 2 wird … betrachtet; 3 werden … beschrieben, kommentiert; 4 werden … vorgestellt; 5 sind … geordnet; 6 engagiert … interessiert sind; 7 ist … gelöst; 8 wird … geholfen
   Zusatzübung: Lenken Sie die Aufmerksamkeit der TN auf den Inhalt des Textes, indem Sie fragen, inwiefern der „Flimmo" eine Lösung für die im Text (A4) beschriebenen Probleme bieten kann. Ermuntern Sie die TN, in Kleingruppen zu diskutieren und dabei evtl. auch alternative Lösungsvorschläge zu machen. Abschließend berichten die Kleingruppen über ihre Ergebnisse im Plenum.
4. Verteilen Sie die Kopien von Kopiervorlage 7/2, erläutern Sie die Aufgabenstellung und bitten Sie die TN, passende Fragen und Antworten in Partnerarbeit zu formulieren. Bei allen Antworten soll „Passiv mit sein" (Zustandspassiv) ergänzt werden. Zum Vergleich der Lösungen tragen die Paare ihre Ergebnisse in Form einer Kettenübung vor.

Lektion 7

A 7	Focus	freie Anwendungsübung: Diskussion zum Thema „Kinder und Fernsehen"

1. Lesen Sie die Arbeitsanweisung im Buch und ermuntern Sie die TN, ihre Meinung zum Thema mit Hilfe der vorgegebenen Partizipien zu formulieren und auf einen leeren Zettel zu schreiben. Verweisen Sie dazu auch auf die Beispiele im Buch, gehen Sie herum und helfen Sie den TN bei den Passiv-Konstruktionen.
2. Sammeln Sie die Zettel ein, lassen Sie Kleingruppen bilden und verteilen Sie die Zettel gleichmäßig an die Gruppen. Ermuntern Sie die TN, die Aussagen vorzulesen und zu diskutieren, ob und warum sie (nicht) der gleichen Meinung sind.

Arbeitsbuch 6: Sprechübung zum Passiv (Partnerarbeit)

A 8	Focus	globales Hörverständnis zum Thema „Leben ohne Fernseher"
	Material	zerschnittene Kopien von Kopiervorlage 7/3 „Leben ohne Fernseher: Gründe und Auswirkungen"

1. Lesen Sie die Aufgabenstellung und die Aussagen gemeinsam mit den TN und klären Sie dabei eventuelle Wortschatzprobleme. Spielen Sie die Interviews der Reihe nach vor und geben Sie den TN Zeit, nach jedem Interview zu markieren, ob die jeweilige Aussage im Buch richtig oder falsch ist. Lassen Sie die TN ihre Lösungen vergleichen und spielen Sie den Hörtext bei Unstimmigkeiten noch einmal vor.
Lösung: **1** richtig; **2** richtig; **3** falsch; **4** richtig; **5** falsch
2. Verteilen Sie die zerschnittenen Kopien von Kopiervorlage 7/3 an die Kleingruppen. Fordern Sie die TN auf, die Aussagen zu lesen und zu überlegen, aus welchem Interview die jeweiligen Aussagen stammen. Spielen Sie die Interviews dann noch einmal vor, die TN überprüfen und vergleichen ihre Zuordnungen. Danach sortieren die TN die Aussagen, indem sie entscheiden, ob es sich um Gründe für das Leben ohne Fernseher handelt oder um die Auswirkungen, die das Leben ohne Fernseher auf den Alltag der Personen hat. Abschließend vergleichen und diskutieren die Kleingruppen ihre Lösungen.
3. Fragen Sie die TN, wer sich ein Leben ohne Fernseher vorstellen könnte und wer nicht. Teilen Sie die TN den Antworten entsprechend in zwei Gruppen. In den Gruppen sammeln die TN Argumente für ihre jeweilige Position, anschließend kommen die Gruppen wieder zusammen und versuchen, sich gegenseitig von ihrem jeweiligen Standpunkt zu überzeugen.

Arbeitsbuch 7–11: Leseverständnis; Schreibübung; Systematisierungsübung
 7 globales Leseverständnis: Überschriften den Textabschnitten zuordnen (Partnerarbeit oder Hausaufgabe)
 8 selegierendes Leseverständnis: bestimmte Wörter im Text aussuchen (Partnerarbeit oder Hausaufgabe)
 9 detailliertes Leseverständnis: Textzusammenfassung machen (Partnerarbeit oder Hausaufgabe)
 10 gelenkte Schreibübung: über das Fernsehen im eigenen Land schreiben (Hausaufgabe)
 11 Systematisierungsübung zum Passiv: richtige Zeitform markieren (Hausaufgabe)

B Wer liest, sieht mehr
Über Zeitungen und Zeitschriften sprechen
 B 1 deutschsprachige Zeitungen und Zeitschriften *(Variante)*
 B 2 Kopiervorlage 7/4 „Klatsch-Geschichten" *(Zusatzübung)*
 B 4 OHP-Folie vom Text auf KB-S. 30; für jeden TN einen Zettel (DIN A4) *(Zusatzübung)*
 B 5 OHP-Folie von KB-S. 30

B 1	Focus	Einstieg ins Thema „Lesen": über deutschsprachige Zeitungen und Zeitschriften sprechen
	Material	*Variante:* deutschsprachige Zeitungen und Zeitschriften

1. Fordern Sie die TN auf, das Foto auf KB-S. 28 zu betrachten und fragen Sie „Wo ist das?", „Was zeigt das Foto?" Sammeln Sie die Antworten der TN an der Tafel (Zeitungskiosk, Zeitschriftenladen, Regal mit Zeitungen und Zeitschriften etc.).
2. Ermuntern Sie die TN, das Foto genauer zu betrachten, um herauszufinden, ob ihnen bekannte Zeitschriften oder Zeitungen auf dem Foto zu finden sind. Schreiben Sie die Titel an die Tafel und fragen Sie nach Vermutungen über den Inhalt der genannten Zeitschriften und Zeitungen. Lesen Sie dann die Bezeichnungen für die verschiedenen Genres und ermuntern Sie die TN, die an der Tafel gesammelten Beispiele den Genres zuzuordnen.
Variante: Die TN bilden Kleingruppen. Verteilen Sie die deutschsprachigen Zeitungen und Zeitschriften. Die TN machen sich Notizen und stellen anschließend pro Gruppe eine Zeitschrift/eine Zeitung im Plenum vor. (vgl. Methodentipp)
3. Die TN unterhalten sich in Kleingruppen darüber, für welche Zeitungen und Zeitschriften sie sich interessieren. Ermuntern Sie die TN, dabei auf die vorab thematisierten Beispiele und Genres einzugehen und Gründe für ihr Interesse zu nennen.

Arbeitsbuch 12–14: Wortschatzarbeit
 12 passende Begriffe ergänzen (Hausaufgabe) 13 Rubriken einer Zeitung markieren (Hausaufgabe)
 14 Begriffe den Definitionen zuordnen (Hausaufgabe)

METHODE
Mini-Projekt: Zeitungen und Zeitschriften vorstellen
Ziel ist es, einen groben Überblick über einige deutschsprachige Zeitungen zu bekommen. Lassen Sie die TN entweder selbst einige Exemplare mitbringen, oder besorgen Sie selbst welche. Bereiten Sie ein Arbeitsblatt mit Fragen vor und lassen Sie die TN in Gruppen arbeiten. Mögliche Fragen wären:
Wie heißt die Zeitung/Zeitschrift? Was kostet sie? Wie viele Seiten hat sie? Welche Rubriken? Wie ist sie geschrieben? (lange/kurze Artikel, einfache/komplizierte Sätze?) Welche Themen werden behandelt? Was glauben Sie: Wer würde die Zeitung/Zeitschrift lesen? Würden Sie die Zeitung/Zeitschrift den anderen Deutschstudenten zum Lesen empfehlen? Warum?
Anschließend werden die Ergebnisse im Plenum präsentiert. Wichtig ist, dass den TN klar wird, dass sie nicht die vollständigen Artikel lesen und verstehen müssen, um die jeweilige Zeitung/Zeitschrift einordnen zu können.

Lektion 7

B 2   Focus   gelenkte Sprechübung: Interview zum Thema „Lesen"
       Material   *Zusatzübung:* zerschnittene Kopien und OHP-Folie von Kopiervorlage 7/4 „Klatsch-Geschichten"

1. Lesen Sie den Fragebogen gemeinsam durch, um eventuelle Verständnisprobleme zu lösen und das weitere Vorgehen zu erklären. Fordern Sie die TN auf, sich einen Interviewpartner zu suchen und das Interview durchzuführen.
2. Die TN interviewen sich gegenseitig, markieren die entsprechenden Angaben im Fragebogen oder ergänzen sie. Gehen Sie herum und helfen Sie den TN bei Wortschatzproblemen und ermuntern Sie sie, möglichst viel über das Leseverhalten ihres Partners herauszufinden. Die TN fassen die Ergebnisse des Interviews zusammen, indem sie sich überlegen, welche Aussagen besonders charakteristisch für das Leseverhalten ihres Interviewpartners sind.
3. Teilen Sie die TN so in Kleingruppen ein, dass sie nicht mehr mit ihren Interviewpartnern zusammen arbeiten. In den Kleingruppen stellen die TN ihren Interviewpartner vor und wählen abschließend eine „Leseratte", d. h. sie überlegen, welcher der vorgestellten TN besonders viel liest.
4. Die Kleingruppen präsentieren ihre jeweilige „Leseratte" und haben Gelegenheit, dieser bei Bedarf noch weitere Fragen zu stellen.
Zusatzübung: Zum Thema „Zeitungslesen" eignet sich auch das Spiel „Klatsch-Geschichten" mit Kopiervorlage 7/4 sehr gut. (vgl. Spieletipp)

SPIEL

„Klatsch-Geschichten"
Diese dynamische und spielerische Aktivität macht Spaß und motiviert die TN v.a. zum freien Sprechen. Doch auch die Fertigkeiten Lesen und Hören werden trainiert.
Erklären Sie die Wörter „Klatsch, klatschen, Tratsch, tratschen, z. B. auch Kaffeeklatsch" und machen Sie den TN deutlich, dass auch sie bei diesem Spiel ein bisschen „tratschen" sollen, nämlich darüber, was sie in der Zeitung gelesen haben. Sie können vorher Redemittel vorgeben, z. B. „Hast du schon gehört?" „Weißt du, was ich heute gelesen habe?" „Stell dir vor, ..."
Teilen Sie die TN in Gruppen mit einer geraden Mitgliederzahl ein (z. B. sechs). Bei den Texten auf der Kopiervorlage 11/4 handelt es sich um kurze, witzige Geschichten aus der Rubrik „Was sonst noch geschah". Sie brauchen pro Gruppe eine zerschnittene Kopie. Geben Sie der Hälfte jeder Gruppe pro Person <u>einen</u> der Zeitungsartikel mit der Aufgabe, ihn gründlich zu lesen. Die TN, die nicht lesen, können schon ein wenig Smalltalk üben. Helfen Sie den Lesern ggf. bei Wortschatzproblemen. Anschließend sammeln Sie die Artikel wieder ein.
Nun kann der „Klatsch und Tratsch" beginnen: Alle TN stehen auf und stellen sich innerhalb ihrer Gruppe so im Kreis auf, dass jeder zweite von ihnen einen Text gelesen hat. Letztere erzählen nun ihrem linken Nachbarn, was sie gelesen haben. Dabei kann ruhig ein wenig übertrieben, also auch „getratscht" werden. Ermuntern Sie die TN, ihr Spiel auch durch Gestik, Mimik, Tonfall etc. zu unterstützen. Wenn Sie das Gefühl haben, dass in etwa alle fertig sind, klatschen Sie in die Hände.
Die Gespräche werden beendet, und diejenigen, die eben zugehört haben, erzählen nun wiederum ihrem linken Nachbarn, was sie gehört bzw. verstanden haben usw. Die TN müssen also nach jedem Händeklatschen abwechselnd erzählen und zuhören. Beenden Sie den „Klatsch und Tratsch", bevor die Geschichten wieder am Ausgangspunkt angekommen sind. (Bei sechs TN pro Gruppe bedeutet das 4x wechseln) Bitten Sie dann einige Freiwillige in den Gruppen zu erzählen, was für eine Geschichte sie zuletzt gehört haben. Interessant ist natürlich auch, mehrere Varianten derselben Ursprungsgeschichte zu hören. Anschließend wird der jeweilige „Ursprungsartikel" auf Folie gezeigt, laut vorgelesen und damit verglichen. Lassen Sie sich überraschen. Meistens kommen recht lustige Geschichten dabei heraus.

B 3   Focus   Einstieg in das Thema „Bücher" und Vorbereitung auf den Text „Wer nicht liest, ist doof": über ein Foto sprechen

1. Lesen Sie die Fragen gemeinsam und geben Sie den TN Zeit zum Betrachten des Fotos. Ermuntern Sie die TN Vermutungen anzustellen, was für eine Person „Wer das liest ist doof" geschrieben haben könnte und warum. Außerdem sollen die TN überlegen, wer den Spruch nachträglich mit „nicht" verändert haben könnte. Regen Sie die TN an, auch Spekulationen darüber anzustellen, wo das Foto aufgenommen wurde.
2. Sammeln Sie die Antworten in Stichwörtern an der Tafel.

Lektion 7

B 4	Focus	globales und selegierendes Leseverständnis: Vermutungen überprüfen, bestimmte Textstellen unterstreichen; Diskussion zum Thema „Lesen"
	Material	OHP-Folie vom Text auf KB-S. 30; *Zusatzübung:* für jeden TN einen Zettel (DIN-A4)

1. Präsentieren Sie den Anfang des Textes mit Hilfe der OHP-Folie und lesen Sie ihn laut vor. Die TN können den Text auf der OHP-Folie mitlesen und dann ihre vorab angestellten Vermutungen überprüfen. Fragen Sie, welche der an der Tafel gesammelten Antworten zum Text zu passen scheinen.
2. Fragen Sie zur Erläuterung der Aufgabenstellung: „Wie ist das Lesen?", und lesen Sie die ersten zwei Sätze des Textes gemeinsam. Erklären Sie das weitere Vorgehen, indem Sie „die Lust am Leben" und „eine glühende Liebesgeschichte" unterstreichen.
3. Ermuntern Sie die TN, nun den ganzen Text zu lesen und dabei besonders darauf zu achten, womit die Autorin das Lesen vergleicht. Die TN unterstreichen beim Lesen die relevanten Textstellen. Gehen Sie dabei herum und ermuntern Sie die TN, sich auf die Aufgabenstellung zu konzentrieren und sich nicht von unbekannten Wörtern abschrecken zu lassen. Dann vergleichen die TN ihre Ergebnisse in Partnerarbeit. Anschließend werden die Ergebnisse im Plenum besprochen und ein freiwilliger TN unterstreicht die betreffenden Textstellen auf der OHP-Folie.
   Lösung: die Lust am Leben; eine glühende Liebesgeschichte; wie die Suche nach dem passenden Partner; wie eine Krankheit; ein Spiel; Gymnastik für den Körper; die Erfahrung von Unterschieden
4. Fragen Sie die TN, ob sie mit der Meinung der Autorin übereinstimmen oder nicht, und teilen Sie sie in kleine Diskussionsgruppen ein. Ermuntern Sie die TN über die Aussage „Wer nicht liest, ist doof" zu diskutieren, wobei sie ihre anfangs gesammelten Vermutungen und die Meinung der Autorin berücksichtigen sollten. Vielleicht haben sie auch Lust, über eigene Erfahrungen zu berichten. Anschließend berichtet ein TN pro Gruppe im Plenum kurz über das Ergebnis der Diskussion.
   Zusatzübung: Schreiben Sie „Lesen ist wie ..." an die Tafel bzw. auf einen Zettel, den Sie in die Mitte einer Pinnwand hängen. Ermuntern Sie die TN, diesen Satz auf einem Extra-Zettel zu vervollständigen und dabei möglichst Vergleiche wie im Text zu formulieren, die ihre persönliche Einstellung zum Thema widerspiegeln. Die TN hängen ihre Zettel dann an die Tafel bzw. Pinnwand. Geben Sie den TN Zeit zum Lesen der verschiedenen Zettel und ermuntern Sie sie, sich bei Bedarf noch gegenseitig Fragen zu den Vergleichen zu stellen.

B 5	Focus	Grammatik: Beispiele für Partizip Präsens im Text suchen, Regel ergänzen
	Material	OHP-Folie von KB-S. 30

1. Präsentieren Sie die OHP-Folie und erklären Sie die Aufgabenstellung mit Hilfe des Beispieleintrags und dem Verweis auf die entsprechende Stelle im Text. Lösen Sie das zweite Beispiel gemeinsam, indem Sie die TN nach der relevanten Textstelle fragen und dieselbe im Text farbig hervorheben.
2. Die TN lösen die restlichen Beispiele in Partnerarbeit. Ein Paar ergänzt die Sätze auf der OHP-Folie, mit deren Hilfe die Lösungen dann im Plenum verglichen werden.
   Lösung: **2** eine glühende Liebesgeschichte; **3** lebenserklärend, lebensrettend; **4** passenden; **5** ein ... versprechender Titel; **6** eine heilende

Lektion 7

Fortsetzung von B 5　　Focus　　Grammatik: Beispiele für Partizip Präsens im Text suchen; Regel ergänzen

3. Erläutern Sie den TN die Bildung und Funktion vom „Partizip Präsens" anhand der Beispielsätze auf der OHP-Folie: Fragen Sie die TN, inwiefern sich die Partizipien von den Verben im vorangehenden Satz(teil) unterscheiden. Nehmen Sie die Antworten zum Anlass, das zusätzliche „d" und die Endungen farbig hervorzuheben. Weisen Sie dann auf die Beispiele mit Partizipien vor dem Nomen (1, 2, 5, 6) und auf die Endungen hin, um zu erklären, dass man das Partizip Präsens wie ein Adjektiv benutzen kann. Nutzen Sie Beispielsatz 3 und 4, um auf Partizipien hinzuweisen, die zu echten Adjektiven geworden sind.
4. Die TN ergänzen die Regel in Partnerarbeit und vergleichen ihre Lösungen danach im Plenum.
   Lösung: 1 Adjektiv; 2 -d-; 3 echte Adjektive

Arbeitsbuch 15–18: Anwendungsübungen zum Partizip Präsens und zum Partizip Perfekt
15　Verben im Partizip Präsens ergänzen (Hausaufgabe)
16　Verben im Partizip Präsens ergänzen (Hausaufgabe)
17　passende Adjektive aus den Verben bilden (Hausaufgabe)
18　Partizip Präsens oder Partizip Perfekt ergänzen (Hausaufgabe)

B 6　　Focus　　gelenkte Anwendungsübung: Partizip Präsens bilden und ergänzen

1. Ermuntern Sie die TN, den Lückendialog zunächst einmal zu überfliegen, um herauszufinden, um welches Thema es geht und wer spricht. Gehen Sie anschließend die zu ergänzenden Verben durch, um ihre Bedeutung zu klären und das Partizip zu bilden.
2. Erklären Sie den TN, dass Sie den Dialog mit dem Partizip Präsens der vorgegebenen Verben ergänzen sollen, und erinnern Sie sie daran, dass sie dabei auf die richtigen Adjektivendungen achten müssen. Lösen Sie die ersten beiden Lücken gemeinsam.
3. Die TN suchen in Partnerarbeit nach den fehlenden Formen und vergleichen ihre Lösungen dann mit einem anderen Paar.
4. Spielen Sie den Dialog vor, damit die TN ihre Lösungen überprüfen können. Sammeln Sie die fehlenden Partizipien nach dem Hören an der Tafel und nehmen Sie Unstimmigkeiten hinsichtlich der Endungen zum Anlass für nochmaliges Hören.
   Lösung: 2 steigend; 3 faszinierender; 4 anstrengende; 5 sprechende; 6 entscheidenden; 7 lesende; 8 ergänzendes; 9 fehlende; 10 lesenden; 11 spielenden; 12 passenden
5. Schreiben Sie den Titel „Lesen ist Familiensache" an die Tafel und fragen Sie die TN nach ihrer Meinung. Spielen Sie den Hörtext eventuell noch einmal vor und ermuntern Sie die TN dann, sich über ihre persönlichen Einstellungen in Kleingruppen auszutauschen.

B 7　　Focus　　freie Anwendungsübung: ein Buch vorstellen

1. Erklären Sie die Aufgabenstellung, indem Sie die Vorgaben durchgehen, Wortschatzprobleme klären und auf das Beispiel hinweisen. Geben Sie den TN Zeit, ihre Präsentation vorzubereiten und ermuntern Sie sie, dabei Notizen anzufertigen.
2. Die TN finden sich in Vierer-Gruppen zusammen und stellen der Reihe nach ihr Buch vor. Regen Sie die TN an, sich gegenseitig Fragen zu den von ihnen gelesenen Büchern zu stellen.
   Variante: Fordern Sie die TN auf, das Buch, das sie vorstellen möchten, mitzubringen und bei ihrer Präsentation herum zu geben.
   Zusatzübung: Zum Abschluss erstellen die TN gemeinsam eine kommentierte Bücherliste, die alle TN erhalten.
   Zusatzübung: Fragen Sie die TN, ob sie schon einmal ein Buch auf Deutsch gelesen haben. Lassen Sie freiwillige TN kurz von dem Buch berichten und fragen Sie, inwiefern das Buch den anderen TN zu empfehlen ist.

Arbeitsbuch 19–20: Anwendungsübungen zum Partizip Präsens
19　gelenkte Anwendungsübung: Partizipien bilden und Sätze entsprechend neu formulieren (Hausaufgabe)
20　gelenkte Anwendungsübung: Zeitung/Zeitschrift mit Hilfe von Formen des Partizip Präsens beschreiben (Hausaufgabe)

Die Didaktisierung der Seiten 32 und 34 im Kursbuch finden Sie auf der Lehrerbuchseite „zu den Seiten 32–34".

Lektion 7

C Unterwegs auf dem Daten-Highway
Über Computer sprechen
- C 1 3 OHP-Folien mit der Tabelle von KB-S. 32
- C 3 Packpapier für Plakate *(Zusatzübung)*; Kopiervorlage 7/5 „Computer-Interview"

Arbeitsbuch 21–22 *(vor C 1 Kursbuch!)*: Wortschatzarbeit
21 Begriffe der Abbildung zuordnen (Partnerarbeit oder Hausaufgabe)
22 Nomen mit Verben kombinieren (Hausaufgabe)

C 1 Focus globales und selegierendes Leseverständnis: Leserbriefe auf der Homepage einer Zeitschrift lesen und Notizen zu bestimmten Informationen machen
Material 3 OHP-Folien mit der Tabelle von KB-S. 32

1. Geben Sie den TN kurz Zeit zum Betrachten von KB-S. 32–33 und fragen Sie sie nach Vermutungen zum Thema der Texte. Nehmen Sie die Antworten der TN zum Anlass, „Computer" in Form eines Wortigels an die Tafel zu schreiben und bitten Sie die TN, ihre Assoziationen zu diesem Begriff zu nennen. Sammeln Sie die Assoziationen an der Tafel.
2. Lesen Sie die Aufgabenstellung gemeinsam, erläutern Sie eventuelle Wortschatzprobleme und geben Sie den TN eine Minute Zeit, den Textanfang zu überfliegen. Sammeln Sie die Vermutungen hinsichtlich der Textquelle dann mit Hilfe eines Meinungsspektrums, indem Sie die TN auffordern, per Handzeichen zu signalisieren, welche der Alternativen sie für zutreffend halten. Abschließend erläutern die TN, wie sie zu ihren Vermutungen gekommen sind, und verweisen dazu auf die entsprechenden Angaben im ersten Textabschnitt.
Lösung: auf der Webseite eines Online-Magazins
3. Teilen Sie die TN in drei Gruppen ein. Weisen Sie den Gruppen jeweils einen Text zu. Fordern Sie die TN auf, ihren Text zu lesen und sich dabei Notizen zu den Kategorien der Tabelle im Buch zu machen. Anschließend vergleichen die TN ihre Notizen in der Kleingruppe, jede Gruppe erhält eine OHP-Folie, um die Lösungen festzuhalten.
4. Ein freiwilliger TN pro Gruppe präsentiert die OHP-Folie und berichtet über den gelesenen Text. Die anderen Gruppenmitglieder unterstützen ihn bei Bedarf und beantworten eventuelle Fragen der anderen Gruppen.

Lösung:

Person	Problem	Lösungsversuch	Lösung
Heiko Dörfler	PC spricht Polnisch	versucht zu antworten und Kennwort einzugeben, lässt sich polnische Schimpfwörter beibringen	späteres Einschalten (Computer spricht plötzlich wieder Deutsch)
Anja Wolkersdörfer	Monitor funktioniert nicht	ruft Notruf-Hotline an, die den Kauf eines neuen Monitors empfiehlt	Monitorkabel wieder einstecken
Elvira Kümmel	Computer lässt sich nicht einschalten	überprüft Kabelverbindungen, redet mit dem Computer	berührt den Monitor mit beiden Händen und bittet ihn weiter zu arbeiten

C 2 Focus Grammatik: Regelfindung für temporale Nebensätze

1. Fordern Sie die TN auf, nun alle Texte aus C1 zu lesen und dabei die Nebensätze mit den Konjunktionen „seit", „bis", „während" und „bevor" zu unterstreichen.
2. Die TN vergleichen ihre Ergebnisse in Partnerarbeit und ergänzen die Beispielsätze im Buch.
Lösung: 1 seit; 2 bis; 3 während; 4 bevor
3. Die TN ergänzen die Regel in Partnerarbeit und vergleichen ihre Lösungen dann im Plenum. Gehen Sie abschließend noch anhand der Infobox auf die unterschiedlichen Funktionen von „während" ein und bitten Sie die TN, die bereits unterstrichenen Sätze mit „während" in den Texten aus C1 miteinander zu vergleichen.
Lösung: Konjunktionen; Nebensätzen; während; bevor; seit; bis

C 3 Focus Grammatik: gelenkte Anwendungsübung zu temporalen Nebensätzen
Material *Zusatzübung:* Packpapier für Plakate; Kopien von Kopiervorlage 7/5 „Computer-Interview"

1. Die TN versuchen, die passenden Konjunktionen in Partnerarbeit zu ergänzen und diskutieren ihre Lösungen anschließend im Plenum. Fragen Sie dabei immer auch nach Begründungen für die jeweilige Entscheidung und ermuntern Sie die TN, die Handlungen in den Sätzen der Regel aus C2 entsprechend zu klassifizieren.
Lösung: 1 Bevor; 2 bis; 3 bis; bevor; 4 während; 5 bevor; 6 seit; 7 während; 8 seit
2. Regen Sie die TN an, über die Tipps zu sprechen und dabei zu diskutieren, welche Sie persönlich für besonders wichtig halten. Fordern Sie sie auf, auch noch einmal die Texte aus C1 zu überfliegen, um die dort formulierten Tipps in ihre Diskussion mit einbeziehen zu können.
Zusatzübung: Ermuntern Sie die TN, zusätzlich noch eigene Tipps zu sammeln und auf einem Plakat festzuhalten, das am Ende im Plenum präsentiert werden kann.
3. Fragen Sie die TN, wer schon öfter mit einem Computer gearbeitet hat, und bitten Sie die Computer-Laien, sich einen Computer-Experten als Partner zu suchen. Verteilen Sie dann die Kopien von Kopiervorlage 7/5. Die TN führen das Interview durch und berichten abschließend im Plenum.

Lektion 7

C 4 | Focus | freie Anwendungsübung: Bericht über ein „besonderes" Erlebnis mit einem Computer (oder einem anderen technischen Gerät)

1. Erläutern Sie die Aufgabenstellung anhand des Beispieltextes im Buch und geben Sie den TN ausreichend Zeit, ihren eigenen Bericht mit Hilfe von Notizen vorzubereiten. Ermuntern Sie die TN, möglichst viele temporale Nebensätze zu gebrauchen.
2. Die TN berichten in Kleingruppen von ihren Erlebnissen und wählen am Ende eine Geschichte aus, die im Plenum präsentiert werden soll. Gemeinsam verschriftlichen die TN das Erlebnis und versuchen dabei besonders viele temporale Konjunktionen zu benutzen.
3. Freiwillige TN lesen die schriftlichen Berichte im Plenum vor.
Variante: Geben Sie diese Aufgabe als schriftliche Hausaufgabe auf.

Arbeitsbuch 23–27: Hörverständnis; Grammatik: Anwendungsübungen zu temporalen Nebensätzen
23 detailliertes Hörverständnis: Aufgaben lesen, Bericht hören und Aufgaben als richtig oder falsch einstufen (Stillarbeit)
24 Grammatik: Ergänzen der Konjunktionen und Überprüfen der Lösungen durch nochmaliges Hören (Stillarbeit)
25 Konjunktionen ergänzen (Hausaufgabe)
26 Anwendungsübung zu „seit", „während", „bis" und „noch" als Präpositionen (Hausaufgabe)
27 Konjunktionen ergänzen (Hausaufgabe)

D Zwischen den Zeilen
D 1 Schnipseltext von D1, KB-S. 35 *(Variante)*
D 3 OHP Folie des Lückentextes auf KB-S. 36

D 1 | Focus | Wortschatzarbeit: Zuordnung von „englischen" Wörtern und deutschen Erklärungen
      | Material | *Variante:* Schnipseltext von D1, KB-S. 35

1. Bereiten Sie die TN auf die Aufgabe vor, indem Sie fragen, ob sie englische Wörter kennen, die im Deutschen benutzt werden. Sammeln Sie diese an der Tafel. Erläutern Sie, dass dies gerade in der Medien- und Computersprache der Fall ist und veranschaulichen Sie dies mit Hilfe des Beispieleintrags im Buch.
2. Teilen Sie die TN dann so in Kleingruppen ein, dass in jeder Gruppe mindestens ein „Computer-Experte" vertreten ist. (Wenn sich bei der Bearbeitung von Teil C der Lektion noch nicht herausgestellt hat, welcher TN besonders gern und viel mit dem Computer arbeitet, dann fragen Sie noch einmal nach und teilen die Gruppen dementsprechend ein.) Fordern Sie die Kleingruppen auf, die Begriffe und Erklärungen einander zuzuordnen. Zum Abschluss vergleichen die Gruppen ihre Ergebnisse im Plenum.
Variante: Verteilen Sie die Aufgabe als Schnipseltext an die Gruppen, so dass die TN die Begriffe und Erklärungen bei ihrer Suche nach der Lösung beliebig hin- und herschieben und verschiedene Kombinationen gemeinsam diskutieren können.
Lösung: **2** j; **3** d; **4** a; **5** g; **6** h; **7** i; **8** l; **9** k; **10** f; **11** b; **12** e; **13** c

Lektion 7, zu Seite 35

Lektion 7

D 2   Focus   Grammatik: Beispiele hören und Regeln für Wortbildung finden

1. Erläutern Sie den TN die Aufgabenstellung, indem Sie den Hörtext ankündigen und die zu markierenden Begriffe gemeinsam lesen.
2. Bitten Sie die TN die vorgegebenen Begriffe während des Hörens zu markieren und spielen Sie den Dialog vor. Weisen Sie die TN darauf hin, dass die Begriffe im Hörtext in der gleichen Reihenfolge wie im Buch auftauchen. Bei Bedarf können Sie den Dialog noch ein zweites Mal vorspielen und im Anschluss vergleichen die TN dann ihre Lösungen.
Lösung: Internet; mailen; checken; Mailbox; E-Mail(s); chatten; surfen; Talkshow; zappen;
3. Fragen Sie die TN danach, aus welchen Bereichen die Beispiele für die im Deutschen gebrauchten englischen Wörter stammen (Computer, Fernsehen) und machen Sie sie darauf aufmerksam, dass es sich hierbei meistens um Fachbegriffe oder Modeausdrücke handelt. Fordern Sie die TN auf herauszufinden, wie man die englischen Verben im Deutschen konjugiert und spielen Sie den Dialog noch einmal vor. Lassen Sie sich Beispiele aus dem Dialog nennen und weisen Sie die TN darauf hin, dass diese Verben wie regelmäßige Verben funktionieren. Lenken Sie die Aufmerksamkeit der TN dann noch mit Hilfe der Liste aus D1 auf die Artikel und Pluralendungen der aus dem Englischen stammenden Nomen.
4. Die TN ergänzen die Regel in Partnerarbeit und vergleichen ihre Lösungen im Plenum.
Lösung: 1 Fachbegriffe, 2 Verben, regelmäßige, 3 Artikel, s
Zusatzübung: Lassen Sie die TN Kleingruppen bilden und ermuntern Sie sie, ihre Erfahrungen mit dem Zappen, Chatten und Surfen auszutauschen und fragen Sie sie, ob sie schon mal jemanden über das Internet kennen gelernt haben. Bitten Sie die „Computer-Experten" im Kurs, nach Homepages zu suchen, die interessant zum Deutschlernen sein könnten (Sprach-Austausch-Angebote, Infos über Deutschland; Selbstlernangebote etc.) und lassen Sie sie später im Kurs darüber berichten.

D 3   Focus   gelenkte Anwendungsübung: „englische" Wörter ergänzen
           Material   OHP-Folie des Lückentextes auf KB-S. 36

1. Fordern Sie die TN auf, die vorgegebenen Begriffe in die Lücken einzusetzen. Erinnern Sie sie an die Worterklärungen aus D1 und daran, dass sie auf die richtige Form der Verben achten müssen.
2. Die TN versuchen, die Lücken in Partnerarbeit zu ergänzen. Ein Paar schreibt seine Lösungen auf OHP-Folie, mit Hilfe derer die Lösungen zum Abschluss verglichen werden können.
Lösung: 1 checkt; 2 Mailbox; 3 E-Mails; 4 Internet; 5 E-Mail; 6 mailen; 7 Internet; 8 gefaxt; 9 zappe; 10 Talkshows; 11 surfe; 12 Internet; 13 chatte; 14 Homepage
Zusatzübung: Fragen Sie die TN, wie sie das Leben von Tom P. finden, ob sie selbst sehr viel Zeit mit dem Internet verbringen oder Personen kennen, deren Leben sich durch den Computer stark verändert hat. Regen Sie auf diese Weise eine Diskussion an und sammeln Sie zum Abschluss Argumente, die für bzw. gegen eine intensive Nutzung des Internets sprechen.

D 4   Focus   freie Sprechübung: Diskussion zum Thema „Sprache"

1. Lesen Sie die Aufgabenstellung im Buch und regen Sie die Diskussion an, indem Sie fragen, wie die TN den Text aus D3 finden und ob es diese Übernahme von englischen Wörtern (oder Wörtern aus einer anderen Sprache) auch in ihrer Muttersprache gibt.
2. Teilen Sie die TN in zwei Gruppen ein, die eine sammelt möglichst viele Argumente und anschauliche Beispiele für die Übernahme von Wörtern einer anderen Sprache, die andere sucht Argumente dagegen.
3. Die Gruppen kommen wieder im Plenum zusammen und versuchen, mit Hilfe der Argumente die jeweils andere Gruppe von ihrer Position zu überzeugen. Erheben Sie zum Abschluss ein Meinungsspektrum, um festzustellen, welche Meinung die TN wirklich vertreten.

Arbeitsbuch 28–30: Wortschatzarbeit zum Thema „Umgangssprache"
28   Wörter nach Artikeln sortieren (Partnerarbeit oder Hausaufgabe)
29   Zuordnung von umgangssprachlichen Begriffen und Erklärungen (Partnerarbeit oder Hausaufgabe)
30   Ergänzen der umgangssprachlichen Begriffe aus Übung 29, Vergleich durch Hörtext (Partnerarbeit)

Internationale Kurse: Teilen Sie die TN (ggf. nach ihren Herkunftssprachen) in Gruppen ein. Fragen Sie, ob in den Sprachen der TN auch englische Wörter benutzt werden und lassen Sie diese sammeln. Bereiten Sie ein Arbeitsblatt für die TN vor: Bitten Sie die TN zu überlegen, für welche Bereiche besonders häufig englische Wörter benutzt werden, warum das so ist, ob sie diese Entwicklung unterstützen oder ob es Alternativen gibt. Interessant ist auch die Frage, wie die Politiker und die Öffentlichkeit in den jeweiligen Ländern dazu stehen. Anschließend berichtet jede Gruppe kurz über ihre Ergebnisse.

Sprachhomogene Kurse: Überlegen Sie gemeinsam mit den TN, ob in der Muttersprache der TN auch englische Wörter benutzt werden. Sammeln diese Wörter auf Zuruf an der Tafel und überlegen Sie, ob es für diese Wörter auch eine Übersetzung gibt. Fragen Sie: In welchen Bereichen kommen besonders viele englische Wörter vor? Warum ist das so? Wie finden Sie diese Entwicklung? Ist sie ganz natürlich oder künstlich? Bedeutet sie eine Gefahr für Ihre Sprache? Wie stehen Politiker und Öffentlichkeit zu dieser Frage?

Lektion 7

E Der Ton macht die Musik

Focus Lied „Der Surfer-Rap" hören und als Gesprächsanlass nutzen
Material Schnipseltexte aus dem Lied von KB-S. 37

1. Regen Sie zur Vorentlastung des Hörtextes ein Gespräch im Plenum an, indem Sie Fragen stellen, wie z. B. „Zappen Sie (Ihre Kinder/Freunde) gerne im Fernsehen?", „Wann und warum zappen Sie?", „Surfen Sie manchmal im Internet? Wenn ja, wie lange und warum?", „Haben Sie ein Ziel dabei?", „Gibt es bestimmte Dinge, die Sie regelmäßig im Internet suchen oder kaufen?", „Haben Sie schon einmal etwas von Fernsehsucht oder Computersucht gehört? Was stellen Sie sich darunter vor?" etc.

2. Bitten Sie die TN beim ersten Hören des Liedes darauf zu achten, um was für eine Person es im Lied geht und was für Interessen und Probleme sie hat. Spielen Sie das Lied vor und klären Sie mit Hilfe der Fragen, was die TN verstanden haben.

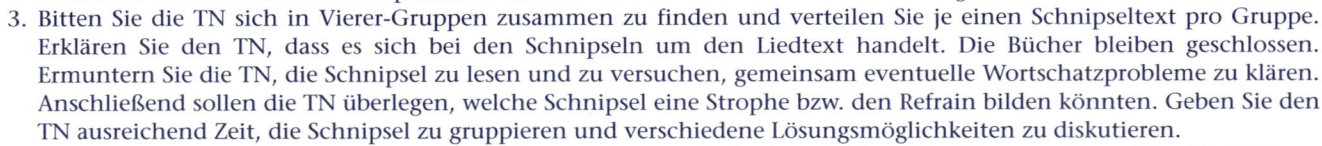

3. Bitten Sie die TN sich in Vierer-Gruppen zusammen zu finden und verteilen Sie je einen Schnipseltext pro Gruppe. Erklären Sie den TN, dass es sich bei den Schnipseln um den Liedtext handelt. Die Bücher bleiben geschlossen. Ermuntern Sie die TN, die Schnipsel zu lesen und zu versuchen, gemeinsam eventuelle Wortschatzprobleme zu klären. Anschließend sollen die TN überlegen, welche Schnipsel eine Strophe bzw. den Refrain bilden könnten. Geben Sie den TN ausreichend Zeit, die Schnipsel zu gruppieren und verschiedene Lösungsmöglichkeiten zu diskutieren.

4. Spielen Sie den Surfer-Rap einmal vor und fordern Sie die TN auf, ihre Lösung durch das Hören zu überprüfen. Die TN kontrollieren, ob sie die Schnipsel richtig gruppiert haben und versuchen, sie nun auch in die richtige Reihenfolge zu bringen. Spielen Sie das Lied evtl. noch einmal vor, damit die TN ihr Ergebnis erneut prüfen und gegebenenfalls korrigieren können.
   Zusatzübung: Bitten Sie die TN, alle englischen Wörter und umgangssprachlichen Begriffe im Liedtext zu unterstreichen und sich in Kleingruppen passende Erklärungen zu überlegen. Nutzen Sie diese Erklärungen für ein Ratespiel: Eine Gruppe liest eine Erklärung vor, die anderen versuchen den Begriff zu erraten. Die Gruppe, die richtig geraten hat, liest die nächste Erklärung vor usw.

5. Spielen Sie den Surfer-Rap noch einmal bei geöffneten Büchern vor, ermuntern Sie die TN zum Mitsummen oder -singen.

Arbeitsbuch 31–34: Identifikation und Funktion von Kontrastakzenten

31 Erläutern Sie den TN die Aufgabe sowie die unterschiedlichen Formen der Markierung von Akzentsilben und Satzakzenten, indem Sie die Arbeitsanweisung gemeinsam lesen und den Unterschied zwischen Normalakzent und Kontrastakzent anhand der ersten Beispiele des Hörtextes veranschaulichen. Spielen Sie dann die folgenden Beispiele vor, geben Sie den TN ausreichend Zeit zum Markieren und vergleichen Sie die Lösungen anschließend im Plenum.

32 Die TN ergänzen die Regeln mit Hilfe der Beispiele aus Übung 31 in Partnerarbeit und vergleichen ihre Lösungen im Plenum

33 Die TN arbeiten zu zweit, lesen die Beispielsätze abwechselnd laut vor und markieren die Akzente. Anschließend hören die TN die Beispiele und überprüfen ihre Lösungen.

34 Die TN ergänzen die Sätze mit eigenen Beispielen, markieren die Akzente und üben sie ein. Freiwillige TN präsentieren einige Sätze im Plenum.

Cartoon

Focus Cartoon zum Thema „Fernsehen" als Sprech- oder Schreibanlass nutzen
Material zerschnittene Kopien des Cartoons auf KB-S. 37
Zusatzübung: Kopien von Kopiervorlage 7/6 „Schreibwerkstatt"

1. Zerschneiden Sie die Kopien des Cartoons in der Mitte, so dass auf der einen Hälfte nur der Mann und die Frau an der Tür zu sehen sind und auf der anderen Hälfte nur die Kinder und der Hund in der Ecke. Die TN tun sich zu zweit zusammen und erhalten jeder eine Hälfte der Kopie. Ermuntern Sie die TN, ihrem Partner jeweils zu beschreiben, was auf ihrer Hälfte des Cartoons zu sehen ist. Die TN ergänzen die jeweils fehlende Hälfte des Cartoons, ohne sie gesehen zu haben, indem sie die Zeichnung der Beschreibung entsprechend zu Ende zeichnen. Machen Sie den TN deutlich, dass es hier nicht darum geht, wie gut jemand zeichnen kann, sondern um den Spaß an der Sache. Zum Abschluss zeigen sich die Partner ihre Zeichnungen und vergleichen Sie mit dem Original.

2. Regen Sie die TN an, sich in Kleingruppen zu überlegen, worin der Witz bei diesem Cartoon besteht. Fragen Sie dazu: „Was finden Sie lustig an dem Cartoon?", und bitten Sie die TN, außerdem auch einen Titel für den Cartoon zu finden.

3. Die Kleingruppen präsentieren ihre Ergebnisse und vergleichen dabei ihre Erklärungen und die verschiedenen Titel für den Cartoon. Wenn noch Gesprächsbedarf besteht, können Sie noch einmal auf das Thema „Leben ohne Fernseher" bzw. „Fernsehsucht" zurückkommen, indem Sie die TN nach ihren Erfahrungen und Einstellungen fragen.
   Zusatzübung: Bitten Sie die TN, als Hausaufgabe eine kleine Geschichte mit dem Titel „Der Fernseher ist kaputt!" zu schreiben, in der die im Cartoon dargestellten Personen und die Situation vorkommen. Die TN sollten sich vorab entscheiden, aus welcher Perspektive (Kinder, Hund, Mutter oder Techniker) sie die Geschichte schreiben möchten. Freiwillige TN lesen ihre Geschichte später im Plenum vor.
   Zusatzübung: Verteilen Sie Kopien von Kopiervorlage 7/6 „Schreibwerkstatt". Die TN schreiben eine Buch- oder Filmkritik.

Lektion 7

F Kurz & bündig

Diktate

Diktat

Deutschunterricht im Jahr 2020

Es ist Montag, der 1. Oktober 2020. Heute beginnt ein neuer Deutschkurs im Internet. Catherine aus Kamerun surft auf die entsprechende Homepage im World Wide Web. Bevor der Unterricht beginnt, muss Catherine ein paar Fragen beantworten. Danach teilt ihr der Computer mit, dass sie an einem Kurs der Grundstufe 2 teilnehmen kann.
Catherine klickt auf das passende Symbol, und auf dem Bildschirm erscheint eine Lehrerin, die alle Teilnehmer begrüßt und sich kurz vorstellt. Dann werden die Teilnehmer gebeten, miteinander zu chatten und dabei ihre Namen und Informationen über ihren Wohnort, ihren Beruf und ihre Hobbys auszutauschen. Auch Catherine stellt sich vor und freut sich, dass sie Leute aus allen Ländern der Welt kennenlernt. Doch plötzlich stürzt ihr Computer ab und als Catherine versucht, ihn wieder zu starten, bleibt der Bildschirm schwarz …

Fordern Sie die TN anschließend auf, selbst Ideen für einen Deutschkurs im Internet zu sammeln und zusammen eine kleine Geschichte zu schreiben.

Freies Diktat

Die TN ergänzen die Sätze.

In der Zeitung lese ich immer erst die Überschriften, bevor …

Ich lese weniger/mehr Bücher, seit …

Ich habe Angst, dass mein Computer einmal abstürzt, während …

Ich werde meinen Fernseher so lange behalten, bis …

Lückendiktat

Die TN ergänzen die Lücken.

Eine gute Zeitung braucht vor allem ein ansprech_____ Layout, beeindruck_____ Überschriften und faszinier_____ Fotos. Die pack_____ Reportagen sollten umfass_____ Informationen enthalten. Auf schön gestalt_____ Seiten sollte eine gute Zeitung wechsel_____ Themen behandeln. Wichtig sind natürlich auch gut geschrieb_____ Artikel, die das interessiert_____ Publikum erreichen.

Lektion 8

A Lebensziele
Gespräche über Lebensziele
A 1   OHP-Folie von KB-Seite 39
A 3   zerschnittene Kopien der Rollenkärtchen *(Variante)*

A 1 Focus   Einstieg ins Thema „Lebensziele": über Fotos sprechen
Material   OHP-Folie von KB-Seite 39

1. Zeigen Sie den TN die fünf Fotos (auf OHP-Folie). Deuten Sie auf Foto A und fragen Sie: „Wo ist der Mann?", „Was macht er gerade?", „Was ist er von Beruf?", „Was würde er gern machen?", „Wovon träumt er?" Deuten Sie auf die dazu gehörende Zeichnung. Helfen Sie gegebenenfalls den TN, indem Sie weitere Fragen zu der Zeichnung stellen. („Wo ist der Mann?", „Wohin möchte er fliegen?")
2. Verfahren Sie so mit allen Fotos.
   Lassen Sie evtl. auch von zwei TN den Beispieldialog lesen.
   Zusatzübung: Teilen Sie die TN in Gruppen ein und lassen Sie jede Gruppe ein Foto auswählen. Die TN erfinden dann kleine Biografien dazu. Schreiben Sie folgende Stichwörter als Hilfe an die Tafel:

   > Name
   > Alter
   > Familienstand
   > Beruf
   > Wie lange im Beruf?
   > Wie lange befreundet?
   > Lebensziel
   > Warum dieses Ziel?
   > Was machen die Leute, um ihre Ziele zu erreichen?
   > Erreichen sie ihre Ziele?

3. Die Kleingruppen präsentieren ihre Ergebnisse.

Lektion 8

A 2 Focus selegierendes Hörverständnis: richtig/falsch-Aussagen bewerten

1. Erklären Sie den TN, dass sie fünf kleine Dialoge hören und fünf Aussagen dazu als richtig oder falsch bewerten sollen. Lassen Sie die TN die erste Aussage lesen und die Schlüsselwörter unterstreichen (*zum Mond fliegen*). Spielen Sie das erste Interview vor. Die TN markieren die Lösung. Lassen Sie die TN das Interview gegebenenfalls noch einmal hören, wenn es zu unterschiedlichen Ergebnissen kommen sollte. Erklären Sie den TN noch einmal, dass Sie sich nur auf die Hauptinformation konzentrieren sollen.
2. Die TN lesen die Sätze und markieren die Schlüsselwörter. Spielen Sie dann die anderen Dialoge vor und lassen Sie den TN dazwischen genügend Zeit zum Markieren.
3. Vergleichen Sie gemeinsam die Lösungen.

Lösung: **1**/richtig, **2**/falsch, **3**/richtig, **4**/falsch, **5**/falsch

A 3 Focus Rollenspiel: Dialoge zwischen Eltern – Kindern bzw. Mann – Frau zu Zukunftsplänen
Material *Variante:* zerschnittene Kopien der Rollenkärtchen

1. Lesen Sie mit den TN die drei Konfliktsituationen und klären Sie gegebenenfalls schwierigen Wortschatz. Die TN wählen eine Rolle und arbeiten zu zweit bzw. zu dritt in Kleingruppen. Die TN sammeln zunächst Argumente für oder gegen die Zukunftspläne und schreiben dann einen Dialog.
2. Gehen Sie herum und helfen Sie den TN bei Problemen.
3. Die TN spielen ihre Dialoge vor.

Variante: Kopieren Sie die Rollenkärtchen (je nach TN-Zahl) und zerschneiden Sie sie. Die TN ziehen eine Rolle und suchen ihre Gruppe. Die Kleingruppen lesen ihre Aufgabe. Gehen Sie dabei herum und helfen Sie den TN. Verfahren Sie dann wie oben.

Lektion 8

A 4   Focus   selegierendes Leseverständnis: Texten passende Überschriften zuordnen

1. Lassen Sie die Aufgabe von einem TN vorlesen. Sprechen Sie mit den TN darüber, wie man die Aufgabe am schnellsten lösen kann. Schreiben Sie die Vorschläge an die Tafel:

> Schlüsselwörter markieren
> Thema an den Rand schreiben
> Symbol für jedes Thema wählen

2. Die TN lesen die erste Überschrift und markieren die Schlüsselwörter. Fragen Sie dann nach dem Thema (Medien) und lassen Sie es an den Rand schreiben. Einigen Sie sich auf ein Symbol für dieses Thema, z. B. * = Medien
3. Verfahren Sie so mit allen Überschriften, z. B.: Thema: Unfall #, Thema: Ehe °, Thema: Sprachreisen +
4. Die TN lesen nun die anderen Überschriften und markieren die Schlüsselwörter. Dann schreiben sie das Thema oder das Symbol dafür an den Rand.
5. Fordern Sie die TN dazu auf, die Texte nur zu überfliegen und zu versuchen so schnell es geht, das Thema zu erkennen und an den Rand zu schreiben. Dann lesen sie die Überschriften zu dem Thema und den Text und entscheiden, welche Überschrift genau passt.
6. Vergleich in Partnerarbeit, dann im Plenum.

Lösung: **Text A:** Überschrift 8; **Text B:** Überschrift 2; **Text C:** Überschrift 4; **Text D:** Überschrift 6

Lektion 8, zu Seite 41

Lektion 8

B Hochzeitsträume
Informationen zur Hochzeitsfeier und Hochzeitserfahrungen
- B 1   Kopiervorlage 8/1 „Wortschatz Hochzeit" *(Zusatzübung)*
- B 2   (zerschnittene) Kopien von KB-Seite 42 und 43 *(Variante)*
- B 3   OHP-Folie von KB-Seite 44
- B 6   Kopiervorlage 8/2 „Vorschläge – Gegenvorschläge" oder Kärtchen mit den Redemitteln von KB-Seite 45
- B 7   OHP-Folie von KB-Seite 46

B 1
Focus   Einstieg ins Thema Hochzeit: Wortschatz zum Thema sammeln
Material   *Zusatzübung:* Kopien von Kopiervorlage 8/1 „Wortschatz Hochzeit"

Schreiben Sie das Wort Hochzeit an die Tafel und fordern Sie die TN auf, Ihnen passende Wörter zu dem Thema zu nennen. Ergänzen Sie die Wörter in Form eines Wortigels.
Zusatzübung: Verteilen Sie Kopien der Kopiervorlage 8/3 „Wortschatz: Hochzeit". Die TN arbeiten allein oder zu zweit und bilden Komposita mit *Hochzeits-* und *Heirats-*, die dann in die passenden Lücken geschrieben werden. Vergleich in Partnerarbeit, dann im Plenum.

B 2
Focus   Leseverständnis: Aussagen bewerten und Lösung markieren (Multiple-Choice-Aufgabe)
Material   *Variante:* (zerschnittene) Kopien von den Texten A, B und C von KB-Seite 42 und 43

1. Schreiben Sie die Überschrift an die Tafel oder lassen Sie sie von einem TN vorlesen. Klären Sie das Wort Anekdote *(kleine amüsante Geschichte)* und Anekdotenschatz *(Sammlung von Anekdoten, auf die man immer wieder zurückgreifen kann, wenn man Leute unterhalten will)*. Fragen Sie: „Was kann alles bei einer Hochzeit schiefgehen?" Lassen Sie die TN vermuten, was in den folgenden drei kleinen Texten stehen könnte.
2. Erklären Sie den TN die Aufgabe. Zu jedem Text sollen sie zwei Multiple-Choice-Aufgaben lösen.
3. Lesen Sie mit den TN zunächst die Aufgaben 1 und 2 zu Text A und markieren Sie gemeinsam die Schlüsselwörter. Lassen Sie dann die TN im Text nach den passenden Stellen suchen und die Lösung markieren. Verfahren Sie gegebenenfalls mit den anderen Texten genauso.
4. Die TN markieren die Schlüsselwörter in den Aufgaben, lesen die Texte und markieren ihre Lösungen. Vergleich erst in Partnerarbeit, dann im Plenum.

Lösung: 1c; 2c; 3a; 4b; 5c; 6c

Variante: Bilden Sie Kleingruppen. Verteilen Sie die (zerschnittenen) Kopien der Texte A, B und C. Jede Gruppe liest nur einen Text. Gehen Sie herum und helfen Sie den TN dabei. Dann setzen sich Gruppe A und Gruppe B zusammen und erzählen sich „ihre" Texte. Danach setzen sich TN aus Gruppe A und Gruppe C zusammen und so weiter, bis alle TN alle Geschichten kennen. Die TN können alle Texte als Hausaufgaben lesen und die Aufgaben lösen. Am nächsten Tag Vergleich im Plenum.

5. Sprechen Sie mit den TN über die Geschichten. Fragen Sie: „Welche Geschichte gefällt Ihnen am besten? Warum?" Erzählen Sie evtl. über Ihre eigenen Erfahrungen. Lassen Sie dann die TN berichten, ob sie etwas Ähnliches erlebt haben.

Lektion 8

B 3 Focus selegierendes Leseverständnis: Lückentext ergänzen (Multiple-Choice-Aufgabe)
       Material OHP-Folie von KB-Seite 44

1. Zeigen Sie den TN die Übung (auf OHP-Folie) und lesen Sie mit den TN die Aufgabe und die Situation. Schauen Sie sich gemeinsam das Beispiel an.
2. Lassen Sie einen TN den ersten Satz lesen. Fragen Sie: „Welches Wort passt: a), b) oder c)?" Die TN markieren die Lösung und ergänzen das passende Wort. Bei unterschiedlichen Ergebnissen erklären die TN ihre Lösung.
3. Die TN lösen die anderen Aufgaben. Gehen Sie herum und helfen Sie gegebenenfalls. Ein „guter" TN schreibt die Lösungen auf die OHP-Folie. Vergleich in Partnerarbeit, dann im Plenum.

Lösung: **1**/a; **2**/b; **3**/c; **4**/b; **5**/c; **6**/a; **7**/a; **8**/b; **9**/c; **10**/a

Lektion 8, zu Seite 44

Lektion 8

B 4
Focus einen Antwortbrief schreiben

1. Lesen Sie mit den TN die Aufgabe und weisen Sie darauf hin, dass zu jedem der vier Punkte mindestens zwei Sätze geschrieben werden müssen. Wiederholen Sie gegebenenfalls noch einmal die Formalien eines Briefes (Datum, Anrede, Gruß, Unterschrift).
2. Die TN machen sich Notizen/sammeln Stichwörter zu den Punkten und überlegen sich eine sinnvolle Reihenfolge.
3. Die TN schreiben den Brief am besten als Hausaufgabe. Geben Sie den TN ein Zeitlimit von maximal 30 Minuten vor, das sie unbedingt einhalten sollen (Wecker stellen o. Ä.). Korrigieren Sie die Briefe und geben Sie den TN individuelle Tipps und Aufgaben, um ihre Fehler zu vermeiden. Lassen Sie einige Briefe im Plenum vorlesen.

B 5
Focus selegierendes Hörverständnis: richtig/falsch-Aussagen bewerten

1. Erklären Sie den TN, dass sie nun fünf kurze Bandansagen hören und dazu Aussagen bewerten sollen. Lesen Sie mit den TN den ersten Satz und lassen Sie die TN die Schlüsselwörter markieren, also *Cousin Stefan, nicht, zur Hochzeit kommen*.
2. Spielen Sie die erste Ansage vor. Die TN konzentrieren sich nur auf die Hauptaussage und markieren ihre Lösung. Bei unterschiedlichen Ergebnissen spielen Sie die Ansage noch einmal vor.
3. Die TN lesen die Aussagen 2–5 und unterstreichen die Schlüsselwörter. Dann hören sie die anderen Ansagen und markieren *richtig* oder *falsch*. Vergleich in Partnerarbeit, dann im Plenum.

Lösung: 1/falsch; 2/falsch; 3/richtig; 4/falsch; 5/richtig

B 6
Focus eine Hochzeit vorbereiten: Vorschläge und Gegenvorschläge machen
Material zerschnittene Kopien der Kopiervorlage 8/2 „Vorschläge – Gegenvorschläge" oder Kärtchen mit den Redemitteln von KB-Seite 45

1. Fragen Sie die TN wie man im Deutschen Vorschläge und Gegenvorschläge machen kann und sammeln Sie die Ausdrücke an der Tafel.
2. Bilden Sie Kleingruppen und verteilen Sie an jede Gruppe zerschnittene Kopien der Kopiervorlage 8/2 oder schreiben Sie die Redemittel von KB-Seite 45 auf Kärtchen. Lassen Sie die TN die Sätze den passenden Überschriften zuordnen und evtl. weitere Redemittel ergänzen. Danach vergleichen die Gruppen ihre Einteilung mit dem KB.
3. Die TN lesen die Aufgabe. Ein Freiwilliger erklärt sie im Plenum. Zu zweit machen sich die TN Stichwörter zu den einzelnen Punkten und bereiten ein Gespräch vor. Gehen Sie herum und helfen Sie den TN bei auftretenden Problemen. Freiwillige spielen ihren Dialog vor.

Lektion 8, zu Seite 45

Lektion 8

B 7   Focus   selegierendes Leseverständnis: Situationen passende Anzeigen zuordnen
        Material   OHP-Folie von KB-Seite 46

1. Zeigen Sie den TN (auf OHP-Folie) die Situationen und die Anzeigen. Lesen Sie gemeinsam die beiden Beispiele und erklären Sie, dass es zu einer Situation keine Anzeige gibt. Die TN markieren dann ein *X*.
2. Lesen Sie die Situation 1 und lassen Sie sich die Schlüsselwörter nennen *(Hochzeitsfeier, suchen Fotografen)*. Markieren Sie sie. Fragen Sie: „Welche Anzeigen haben etwas mit Fotos zu tun?" Die TN sollen die Anzeigen nicht lesen, sondern nur überfliegen! Die TN lesen dann die Anzeigen b und c und entscheiden, welche der beiden zur Situation passt.
3. Die TN lesen die Situationen, unterstreichen die Schlüsselwörter und wählen die passenden Anzeigen in Einzelarbeit aus. Danach vergleichen sie zu zweit ihre Ergebnisse, dann Vergleich im Plenum.

Lösung: **1**/d; **2**/f; **3**/g; **4**/X; **5**/a; **6**/e

Lektion 8, zu Seite 46

Lektion 8

C Traumberufe von Jungen und Mädchen

Gespräche über Berufe
C 1   Kopiervorlage 8/3 „Berufe"
C 4   Kopiervorlage 8/4a „Top Ten" + 8/4b „Männerarbeit – Frauenarbeit"

C 1 Focus   Einstieg ins Thema typisch männliche – typisch weibliche Berufe: Berufe einordnen
Material OHP-Folie der Kopiervorlage 8/3 „Berufe"

1. Zeigen Sie den TN Fotos von Berufen (auf OHP-Folie). Fragen Sie: „Wie heißen die Berufe auf Deutsch?!" Verweisen Sie bei Schwierigkeiten auch auf den Vorgabekasten unten.
2. Schreiben Sie *typisch männlich* und *typisch weiblich* mit den Symbolen wie im KB an die Tafel. Fragen Sie: „Gibt es Berufe, die typisch männlich oder typisch weiblich sind?", „Warum (nicht)?" Sammeln Sie gegebenenfalls Redemittel für die Diskussion, wie „Ich finde, dass …", „Nein, da bin ich anderer Meinung. …" usw. Vgl. auch *Tangram aktuell 3 Lektion 1*, S. 6.
3. Die TN arbeiten in Vierergruppen und diskutieren das Thema und ergänzen gegebenenfalls die Tabelle. Gehen Sie herum und helfen Sie den TN bei auftretenden Problemen. Dann vergleichen die Gruppen ihre Ergebnisse und diskutieren im Plenum.

C 2 Focus   Vermutungen anstellen und mit Hörtextanfang vergleichen

1. Schreiben Sie *Girl's day – Mädchen-Zukunftstag* an die Tafel. Fragen Sie: „Was könnte das bedeuten?" Sammeln Sie die Antworten in Stichworten.
2. Spielen Sie den Anfang des Hörtextes (mehrmals) vor. Fragen Sie: „Was ist der Girl's day?" *(Mädchen können einen Beruf ausprobieren, indem es nur wenige Frauen gibt)*, „Wer kann mitmachen?" *(Schülerinnen der Klassen 5–10)*, „Was ist das Ziel dieses Tages?" *(Mädchen soll die Berufswahl leichter gemacht werden und vor allem soll das Interesse an anderen Berufen geweckt werden, die nicht typisch weiblich sind)*.

C 3 Focus   selegierendes Hörverständnis: richtig/falsch-Aussagen bewerten

1. Lassen Sie die TN die Aufgaben 1–5 lesen und die Schlüsselwörter markieren.
2. Markieren Sie gegebenenfalls mit den TN gemeinsam die Schlüsselwörter der ersten Aufgabe.
3. Spielen Sie den Hörtext vor. Die TN hören, lesen die Aufgaben mit und markieren ihre Lösungen. Vergleich in Partnerarbeit, dann im Plenum. Nehmen Sie unterschiedliche Lösungen zum Anlass die entsprechende Textstelle noch einmal zu hören.

Lösung: **1a**/falsch; **1b**/richtig; **1c**/falsch; **2a**/falsch; **2b**/falsch; **2c**/richtig; **3a**/richtig; **4**/falsch; **5**/richtig

LANDESKUNDE

Girl's day
Den Girl's day – Mädchen-Zukunftstag gibt es seit 2001. Er findet regelmäßig einmal im Jahr statt. Er wurde von dem Bundesministerium für Bildung und Forschung ins Leben gerufen und richtet sich an Mädchen der Klassen 5–10. Ziel ist es, Mädchen zu motivieren, auch Berufe zu wählen, in denen derzeit nicht viele Frauen arbeiten, also vor allem technische, handwerkliche und naturwissenschaftliche Berufe. Noch wählen die meisten jungen Frauen aus nur zehn verschiedenen Ausbildungsberufen, es gibt aber 350 davon. Am Girl's day bieten (technische) Unternehmen und Abteilungen, Hochschulen und Forschungsstätten Veranstaltungen für Mädchen an. Anhand von praktischen Beispielen werden den Teilnehmerinnen in Laboren, Büros, Werkstätten und Redaktionen Einblicke gewährt, die im besten Falle Interesse für einen Beruf wecken, den man vorher eher nicht in Betracht gezogen hätte. Durch den Girl's day werden Kontakte zwischen Mädchen und Firmen hergestellt, die auch in Zukunft genutzt werden können. Manche Mädchen bewerben sich, nachdem sie am Girl's day in einer Firma waren, dort um ein Praktikum oder um eine Lehrstelle. Beim Mädchen-Zukunftstag melden sich Firmen, die Plätze anbieten, das Angebot ist regional sehr unterschiedlich. Seit 2005 gibt es in manchen Städten auch Angebote für Jungen. Sie können sich in Berufen umschauen, die bisher wenig von Männern gewählt werden, also vor allem in sozialen Berufen, wie Kindergärtner oder Krankenpfleger. Seit 2001 wuchs Jahr für Jahr die Zahl der Teilnehmenden: 2006 haben sich fast 7000 Unternehmen und 127 115 Mädchen am Girl's day beteiligt.

Lektion 8

C 4 Focus   über eine Statistik sprechen
     Material   Kopien der Kopiervorlage 8/4a „Top Ten" und 8/4b „Männerarbeit – Frauenarbeit"

1. Bilden Sie Zweiergruppen und verteilen Sie Kopien der Kopiervorlagen 8/4a und 8/4b (Statistik 1 und 2). Fragen Sie: „Was ist das?", „Wie kann man über eine Statistik sprechen?" Sammeln Sie an der Tafel Redemittel, die die TN nennen. Lesen Sie gegebenenfalls mit den TN die Redemittel im KB.
2. Die TN schauen sich jeweils ihre Statistik an und machen sich Notizen dazu. Gehen Sie herum und helfen Sie bei auftauchenden Problemen. Weisen Sie immer wieder auf die Redemittel hin. Die TN tauschen dann zu zweit ihre Informationen mithilfe der gemachten Notizen aus.
3. Freiwillige sprechen im Plenum über die Statistiken.
4. Lassen Sie einen TN das Diskussionsthema „Männer in Frauenberufen. Frauen in Männerberufen" vorlesen. Bilden Sie Vierergruppen, jeweils zwei TN sammeln Argumente für und zwei TN gegen „Männer in Frauenberufen ..." Verweisen Sie auf die Redemittel „auf eine Meinung des Partners reagieren" und helfen Sie gegebenenfalls bei der Formulierung der Argumente.
5. Die TN diskutieren in Gruppen. Freiwillige abschließend im Plenum.

Lektion 8

D Menschheitsträume
Gespräche über Menschheitsträume
D 1   Kopiervorlage 8/5 „Menschheitsträume"
D 2   OHP-Folie von KB-Seite 50

D 1   Focus   Einstieg ins Thema „Menschheitsträume": über Zeichnungen sprechen
Material   OHP-Folie der Kopiervorlage 8/5 „Menschheitsträume"

1. Zeigen Sie den TN die Zeichnungen auf OHP-Folie. Deuten Sie auf Zeichnung A und fragen Sie: „Welcher Menschheitstraum ist hier dargestellt?" *(Der Traum vom Fliegen)*, „Hat sich der Traum erfüllt oder nicht?" Verfahren Sie so mit den anderen Zeichnungen. (B „Jungbrunnen", Der Traum von der ewigen Jugend; C Der Traum davon, dass Roboter alle Arbeiten für den Menschen verrichten; D Der Traum vom Frieden unter den Menschen; E Der Traum davon, nichts lernen zu müssen und alles zu können, hier alle Sprachen sprechen zu können; F Der Traum davon, unter Wasser atmen zu können wie ein Fisch; G Der Traum davon, in eine andere Zeit zu reisen; H Der Traum vom Ende aller Krankheiten).
2. Fragen Sie dann: „Wovon träumen die Menschen in unserer Zeit?" Sammeln Sie die Antworten an der Tafel in Form eines Wortigels.
   Variante: Bilden Sie Kleingruppen und lassen Sie die TN eine Zeichnung aussuchen. Schreiben Sie folgende Fragen an die Tafel:

   > Welcher Traum ist das?
   > Was hat die Menschheit bisher dafür oder dagegen getan?
   > Warum träumen die Menschen davon? (Vorteile)
   > Welche Nachteile könnte es haben, wenn sich der Traum erfüllt?
   > Hat sich der Traum erfüllt?
   > Wird der Traum sich erfüllen? Warum (nicht)?

   Die TN machen sich Notizen zu den Fragen und sammeln alle Informationen und Ideen zu ihrer Zeichnung. Dann stellen Freiwillige ihre Ergebnisse im Plenum vor (zu jeder Zeichnung mindestens eine Gruppe).

Lektion 8

D 2   Focus   selegierendes Leseverständnis: Lückentext ergänzen (Multiple choice)
        Material   OHP-Folie von KB-Seite 50

1. Betrachten Sie mit den TN die Übung D2. Fragen Sie: „Welche Texte sind das?" *(Anzeige, ein Brief, der sich auf die Anzeige bezieht).* Fragen Sie: „Was oder wer wird in der Anzeige gesucht?", „Wer sucht jemanden oder etwas?" Die TN lesen die Anzeige und antworten.
2. Lesen Sie mit den TN die Anzeige evtl. gemeinsam und klären Sie gegebenenfalls schwierigen Wortschatz.
3. Die TN lesen dann die Aufgabenstellung und das Beispiel. Erklären Sie den TN, dass nicht alle Wörter gebraucht werden, sondern nur 10. Die TN sollen nur den passenden Buchstaben auf die Linien schreiben. Um Verwechslungen zu vermeiden und Zeit zu sparen, sollten die TN die verwendeten Wörter abhaken. Erst vergleichen die TN ihre Ergebnisse in Partnerarbeit, dann im Plenum.

Lösung: **1**/p; **2**/o; **3**/b; **4**/e; **5**/k; **6**/n; **7**/m; **8**/c; **9**/g; **10**/a

D 3   Focus   eine Präsentation vorbereiten / ein (neues) Produkt vorstellen

1. Die TN lesen die Aufgabe, stellen gegebenenfalls Verständnisfragen und bereiten zu zweit eine Präsentation vor. Fordern Sie die TN auf, sich zunächst Notizen zu allen Punkten zu machen. Gehen Sie dabei herum und helfen Sie den TN, falls Probleme auftreten.
2. Die Zweiergruppen suchen sich dann eine andere Gruppe, der sie ihr Projekt/Produkt vorstellen. Motivieren Sie die Gruppen auch die Präsentation mit Nachfragen zu bereichern. Freiwillige stellen ihr Produkt im Plenum vor. Sie können auch einen Wettbewerb veranstalten und das beste Produkt im Kurs wählen lassen.

Lektion 8, zu Seite 50

Lektion 8

Zertifikat Deutsch als Fremdsprache (B1) – Tangram aktuell – Modellsatz

Focus   Durchführung der Prüfung
Material   OHP-Folie der AB-Seite 101

1. Betrachten Sie gemeinsam mit den TN die Übersicht der Prüfung „Zertifikat Deutsch als Fremdsprache" (auf OHP-Folie), damit die TN eine Vorstellung vom Umfang und den Teilen der Prüfung bekommen. Erläutern Sie kurz die einzelnen Teile der Prüfung und verweisen Sie auch darauf, dass es keine Minuspunkte auf falsche Antworten gibt. Geben Sie den TN den allgemeinen Tipp, immer etwas anzukreuzen bzw. etwas zu schreiben, auch wenn sie nicht sicher sind, ob ihre Lösung stimmt.
2. Wenn Sie genügend Zeit in Ihrem Kurs zur Verfügung haben, machen Sie mit den TN gemeinsam einen Durchgang des Modelltests. Besorgen Sie sich einen weiteren Test bei Ihrer Institution, um die Prüfung zu simulieren.
3. Lesen Sie mit den TN die Aufgabe auf der AB-Seite 102 und das Beispiel (Leseverstehen Teil 1). Verweisen Sie auf den Zeitrahmen von ca. 20 Minuten. Fragen Sie: „Wie kann man die Aufgabe am besten lösen?" Beziehen Sie die Tipps unten im Kasten mit ein.
4. Lassen Sie die TN die Überschriften nach Themen sortieren, indem die TN entweder das jeweilige Thema oder Symbole für die Themen (siehe Kasten) an den Rand der Sätze a)–j) schreiben. Wichtig ist es, dass jeder TN eine Strategie entwickelt, die effizient ist, aber ihm auch gefällt/liegt. Dann überfliegen (!) die TN die Texte und schreiben ein Thema oder ein Symbol an den Rand.
5. Erst dann **lesen** die TN die Texte und die jeweiligen Überschriften mit gleichem Thema bzw. Symbol und markieren ihre Lösungen. Vergleich im Plenum. Jeder TN bewertet seine Lösungen oder die seines Nachbarn und zählt die erreichten Punkte zusammen.
6. Verfahren Sie so mit allen Prüfungsteilen. Versuchen Sie die TN dazu zu bewegen, selbst Tipps zu geben, ansonsten lesen Sie die Tipps zu jedem Prüfungsteil gemeinsam. Achten Sie auf die vorgegebene Zeit.
7. Sammeln Sie die „E-Mail zur Anzeige" (Schriftlicher Ausdruck) zum Korrigieren ein und geben Sie den TN konkrete Hilfen, wie Sie sich bei diesem Teil verbessern können und was Sie üben sollten.
8. Simulieren Sie die mündliche Prüfung als Paar- oder Einzelprüfung, indem Sie Termine für die Prüfung vergeben. Die anderen TN dürfen zuhören oder sich in einem anderen Raum auf ihre mündliche Prüfung vorbereiten. Verteilen Sie zum zweiten Teil der mündlichen Prüfung am besten Kopien der jeweiligen Statistik, jeder TN erhält also entweder Statistik 1 oder Statistik 2.

ZERTIFIKAT DEUTSCH ALS FREMDSPRACHE (B1)

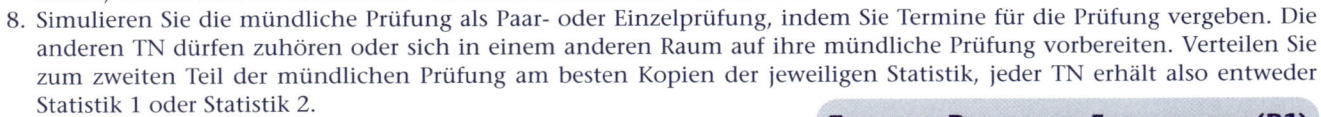

Zertifikat Deutsch als Fremdsprache (B1): prüfungsähnliche Aufgaben im Kursbuch
Leseverstehen Teil 1: A4
Leseverstehen Teil 2: B2
Leseverstehen Teil 3: B7
Sprachbaustein Teil 1: B3
Sprachbaustein Teil 2: D2
Hörverstehen Teil 1: A2
Hörverstehen Teil 2: C3
Hörverstehen Teil 3: B5
Schriftlicher Ausdruck: B4
Mündliche Prüfung Teil 1: „Sich vorstellen" wurde so oft in anderen Bänden geübt, dass hier darauf verzichtet wurde.
Mündliche Prüfung Teil 2: C4
Mündliche Prüfung Teil 3: B6

Leseverstehen Teil 1
Lösung: 1/d; 2/b, 3/a, 4/j, 5/g

Leseverstehen Teil 2
Lösung: 6/b; 7/c; 8/b; 9/a; 10/b

Leseverstehen Teil 3
Lösung: 11/d, 12/f, 13/i, 14/e, 15/k, 16/X, 17/h, 18/g, 19/c, 20/b

Sprachbaustein Teil 1
Lösung: 21/b, 22/a, 23/c, 24/c, 25/a, 26/c, 27/a, 28/a, 29c, 30/b

Sprachbaustein Teil 2
Lösung: 31/e, 32/d, 33/o, 34/l, 35/a, 36/b, 37/i, 38/c, 39f, 40/a

Hörverstehen Teil 1
Lösung: 41 richtig, 42 falsch, 43 richtig, 44 falsch, 45 richtig,

Hörverstehen Teil 2
Lösung: 46 falsch, 47 richtig, 48 richtig, 49 falsch, 50 richtig, 51 falsch, 52 richtig, 53 falsch, 54 richtig, 55 richtig

Hörverstehen Teil 3
Lösung: 56 richtig, 57 falsch, 58 richtig, 59 falsch, 60 richtig

Schriftlicher Ausdruck
Lösungsvorschlag:

Lektion 8

Liebe WG, Rostock, 20. Juli 20...

ich habe gerade eure Anzeige gelesen und finde euer Angebot einfach super. Ich möchte mich erst mal kurz vorstellen, bevor ich meine Fragen stelle: Ich heiße Jason, bin 20 Jahre und komme aus Australien, aus Sydney. Zurzeit wohne ich bei einem Freund in Rostock. Im Wintersemester möchte ich in Berlin anfangen Medizin zu studieren, deshalb suche ich ein bezahlbares Zimmer in Berlin möglichst bald, spätestens ab Oktober. In einer WG würde ich gern wohnen, es macht doch viel mehr Spaß als alleine zu leben. Wie viele Leute seid ihr denn? Eine große Wohnküche ist toll, gibt es denn auch einen Gemeinschaftsraum? Wie viele Zimmer hat die Wohnung eigentlich?

Ich würde mich freuen, euch bald kennenzulernen! Eine Frage habe ich aber noch: Gibt es bei euch Haustiere? Ich habe nämlich eine Katzenallergie. Ich freue mich auf eure Antwort!

Viele Grüße
Jason Thompson

Lektion 8, zu Seite 113

HÖRTEXTE KURSBUCH

Lektion 5 B3

Journalist: Hallo, liebe Hörerinnen und Hörer, ich begrüße Sie zu unserer Sendung „Campus und Karriere" hier bei uns im Radio FDR. Wir wollen uns heute über Möglichkeiten unterhalten, im Beruf erfolgreicher zu sein. Wie immer haben wir wieder einen Experten – oder besser gesagt eine Expertin – zu uns ins Studio eingeladen. Ich begrüße Frau Dr. Risch.
Risch: Hallo.
Journalist: Frau Risch, Sie sind Kommunikationstrainerin und bieten Kurse an. Für wen sind solche Kurse sinnvoll?
Risch: Zu mir kommen Menschen, die im Job weiterkommen oder einfach mehr Spaß bei der Arbeit haben möchten. Ich gebe ihnen dazu Tipps, wie sie ihr Selbstbewusstsein stärken und sich neue Ziele stecken können.
Journalist: Wenn es Sie, liebe Hörerinnen und Hörer, interessiert, wie das funktioniert, und wenn Sie vielleicht eine spezielle Frage zu diesem Thema haben, dann rufen Sie uns an. Unter der Telefonnummer 030/855723 wird Frau Dr. Risch versuchen, auf Ihre Fragen zu antworten. So, hier haben wir schon die erste Anruferin. Hallo?
Frau Kindler: Hallo, hier ist Renate Kindler aus Rendsburg. Ich hab folgendes Problem: Wenn ich in einer Besprechung mit Kollegen und Vorgesetzten sitze oder bei einer ganz normalen Diskussion am Arbeitsplatz dabei bin, traue ich mich nicht, den Mund aufzumachen, obwohl ich zum Thema durchaus etwas zu sagen hätte. Haben Sie vielleicht irgendeine Idee, was ich da machen kann?
Risch: Guten Tag, Frau Kindler. Wissen Sie, dieses Problem haben viele junge Frauen. Ich denke, Sie sollten sich z.B. nicht unbedingt ans Tischende setzen, sondern beim nächsten Mal einen zentraleren Platz wählen. Dann werden Sie auch gleich merken, dass Ihre Kollegen oder Vorgesetzten beim Sprechen öfter mal Blickkontakt mit Ihnen aufnehmen. Nehmen Sie sich vor, sich zu einem ganz bestimmten Thema zu Wort zu melden. Wenn Sie etwas dazu sagen möchten oder sogar länger darüber sprechen wollen, notieren Sie sich am besten vorher Stichpunkte. Dann haben Sie eine Art roten Faden, der Ihnen hilft, wichtige Dinge nicht zu vergessen.
Frau Kindler: Ja, danke, das ist 'ne gute Idee. Das werde ich mal versuchen.
Journalist: Das war Frau Kindler aus Rendsburg. Und wir schalten weiter zu unserem nächsten Anrufer. Hallo? Mit wem spreche ich bitte?
Herr Held: Hallo, hier ist Martin Held aus Eckernförde.
Journalist: Guten Tag, Herr Held.
Herr Held: Mein Problem ist die Zeit. Ich weiß auch nicht, wie es kommt, aber manchmal habe ich das Gefühl, mein Job überrollt mich ganz einfach. Nie reicht meine Zeit, um die Dinge zu erledigen, die ich mir vorgenommen habe.
Journalist: Na, das kommt mir auch irgendwie bekannt vor …
Risch: Nun, Herr Held, ich denke, das könnte daran liegen, dass Sie sich Ihre Zeit nicht richtig einteilen. Es gibt da eine kleine Regel aus dem Einmaleins der Arbeitspsychologen: Planen, planen, planen! Dafür müssen Sie sich unbedingt genug Zeit nehmen. Fassen Sie einfach jeden Morgen schriftlich kurz zusammen, was Sie tagsüber alles erledigen wollen. Machen Sie eine Liste, auf der Sie die anfallenden Arbeiten nach den Kriterien „ganz wichtig", „wichtig" und „weniger wichtig" einteilen. … Je früher man mit den wichtigen Dingen anfängt, desto besser. Denn man ist nicht den ganzen Tag über in Topform.
Herr Held: Wann ist es denn am günstigsten?
Risch: Die beste Zeit, komplizierte Arbeiten zu erledigen, ist von 10 bis 12 Uhr und 15 bis 17 Uhr, weil man zu diesen Zeiten besonders wach ist. Routinearbeiten können Sie z.B. auf die Zeit nach der Mittagspause legen. Das Beste ist, Sie erledigen immer nur eine Sache nach der anderen, niemals mehrere Dinge gleichzeitig. Denn es geht um Klasse, nicht um Masse. Das bedeutet übrigens auch, in kritischen, hektischen Situationen wirklich Einsatz zu zeigen und dafür in stressfreien Zeiten auch mal ganz entspannt eine ruhige Kugel zu schieben.
Herr Held: Ja, danke. Versuchen kann ich's ja mal …
Journalist: So, eine weitere Anruferin hören wir noch, und dann machen wir erst mal eine Pause mit etwas Musik … Hallo?
Frau Everding: Ja, hallo, Everding hier. Ich wollte Frau Risch einmal um Rat fragen. Wissen Sie, ich kann einfach nicht Nein sagen. Ständig kommt mein Chef mit irgendwelchen Zusatzaufgaben an, oder die Kollegen fragen mich, ob ich schnell mal was für sie machen kann. Ich stecke wirklich bis über beide Ohren in Arbeit, und trotzdem traue ich mich nicht, abzulehnen! Neulich habe ich sogar meinen Urlaub verschoben, obwohl mir das eigentlich gar nicht in den Kram gepasst hat.
Risch: Frau Everding, so etwas kommt recht häufig vor bei gutmütigen Menschen. Die werden dann schnell ausgenutzt. Für viele Kollegen und Vorgesetzte ist ein Nein zwar ein Reizwort, aber glauben Sie mir, eine schwierige Situation wird häufig durch nichts besser geklärt als durch ein klares Nein. Ein Nein, von dem Sie überzeugt sind, braucht auch keine Ausrede. Eine kurze Begründung genügt. Keine umständlichen Erklärungen – sagen Sie z.B. nicht, dass Sie sowieso schon überlastet sind, sondern lehnen Sie mit dem Hinweis darauf ab, dass Sie in dem Fall die Arbeit nicht pünktlich und in gewohnter Perfektion erledigen könnten.
Frau Everding: Meinen Sie wirklich …?
Risch: Ja, auf alle Fälle! Ich bin mir sicher, das bringt Ihnen keinen Ärger, sondern Pluspunkte. Es ist ein Hinweis darauf, dass Ihnen optimale Leistung wichtiger ist als oberflächliche Anpassung.
Frau Everding: Ja, vielleicht. Okay, ich werde noch mal darüber nachdenken. Vielen Dank jedenfalls.
Risch: Es kommt halt im Berufsleben vor allem darauf an, sich genug zuzutrauen und selbstbewusst aufzutreten.
Journalist: So, liebe Hörerinnen und Hörer, wir machen jetzt – wie angekündigt – erst mal eine kleine Pause mit etwas Musik.

Lektion 5 B5

Journalist: So, da sind wir wieder, liebe Hörerinnen und Hörer, mit „Campus und Karriere". Bei mir im Studio sitzt die Kommunikationsexpertin Frau Dr. Risch, unser Thema heißt „Erfolgreicher im Beruf" und hier ist auch schon unser nächster Anrufer.
Hensch: Hallo! Mein Name ist Hensch. Ich arbeite schon seit fünf Jahren in einer Export-Firma als Industriekaufmann. Jetzt habe ich dazu keine Lust mehr. Ich glaube, ich hätte viel Spaß daran, mal etwas ganz anderes zu machen, vielleicht in eine höhere Position zu kommen. Es gibt auch eine freie Stelle, darauf könnte ich mich bewerben, aber ich glaube, dazu habe ich nicht den Mut.
Risch: Glauben Sie mir, wenn Sie noch lange darauf warten,

dass man Ihnen diesen Job von allein anbietet, bekommt ihn irgendjemand anders. Und dann ärgern Sie sich nachher darüber, dass Sie nicht gleich gehandelt haben. Wenn Sie eine Aufgabe finden, die Sie interessiert, sollten Sie sich selbstkritisch fragen, ob Sie wirklich dafür geeignet sind.
Hensch: Ja, darüber habe ich auch schon nachgedacht. Meinen Sie, ich soll meinen Chef gleich mal fragen?
Risch: Nun, wenn Sie davon überzeugt sind, dass Sie der richtige Mann für diese Stelle sind und wenn Ihr Chef bisher mit Ihnen zufrieden war, reagiert er sicherlich positiv auf Ihre Argumente. Vielleicht entscheidet er nicht allein darüber, wer die Stelle bekommt, aber dann haben Sie schon mal einen wichtigen Fürsprecher.
Hensch: Vielen Dank für Ihren Rat, Frau Risch. Wahrscheinlich muss ich einfach mutiger sein …

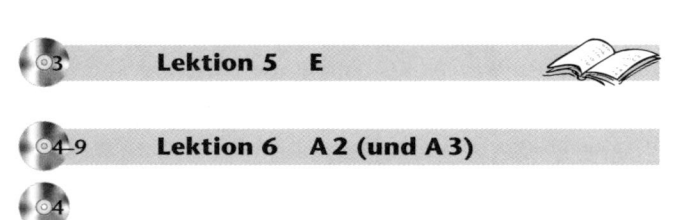

Lektion 5   E

Lektion 6   A 2 (und A 3)

1

Vor 16 Jahren habe ich morgens im Autoradio auf der Fahrt ins Krankenhaus einen Aufruf gehört: Rupert Neudeck von der „Cap Anamur" sucht Ärzte, die bereit sind, in einem Flüchtlingslager an der Grenze zu Kambodscha zu arbeiten. Ich habe mich spontan gemeldet. Es gibt ja immer zwei Möglichkeiten, zu helfen: Entweder man spendet Geld – oder man gibt einen Teil seiner Lebenszeit für Menschen, denen es schlechter geht als einem selbst.
Ich setze mich für Dinge, die mir wichtig sind, am liebsten ganz konkret ein. Schon als Studentin habe ich für mehr Gleichheit und Gerechtigkeit gekämpft. Ob in meinem Engagement für die Dritte Welt so was wie der „Sinn meines Lebens" liegt, weiß ich nicht – auf jeden Fall drückt sich darin meine Hoffnung auf mehr Gerechtigkeit aus: Ich weiß, was mir wichtig ist und wofür ich lebe. Wichtig sind mir meine Familie, meine Freunde, mein Beruf als Kinderärztin, meine Arbeit für das Komitee „Ärzte für die Dritte Welt". Seit der Gründung 1983 bin ich dabei und gebe alle zwei Jahre sechs Wochen Urlaub dafür, Projekte in der Dritten Welt zu betreuen. Mehr Zeit habe ich nicht, schließlich bin ich berufstätige Mutter von drei Kindern und Alleinverdienerin – mein Mann ist freischaffender Künstler. Vielleicht klingt mein Engagement jetzt heroischer, als es ist. So ein Einsatz ist ja immer auch eine Erholung von der täglichen Routine. Wann hat man schon mal die Möglichkeit, ein fremdes, faszinierendes Land wie Indien so hautnah zu erleben wie bei der Arbeit in einem Slum von Kalkutta? Wenn man da zum Beispiel ein Kind behandelt und genau weiß: Wenn du jetzt nicht hier wärst, würde dieses Kind den morgigen Tag nicht überleben – dann hat man wirklich das Gefühl, etwas Sinnvolles zu tun.

2

Viel Zeit für andere Menschen, viel Zeit für mich und die Suche nach meinem Weg – das ist mir heute wichtiger als ein dickes Gehalt und beruflicher Erfolg. Dafür habe ich vor einigen Jahren meinen Beruf als Import-/Exportkauffrau aufgegeben und ein Sozialpädagogik-Studium begonnen. Was daraus wird, weiß ich allerdings noch nicht. In einer tiefen Krise vor etwa zehn Jahren habe ich begriffen, dass meinem Leben etwas Grundsätzliches fehlte. Glauben? Das konnte ich nicht mehr. Wenn aber mit dem Tod alles zu Ende ist, fragte ich mich, was für einen Sinn macht dann das Leben überhaupt? Damals begann ein langer Prozess des Denkens, Lernens und schließlich des Findens. Ich begriff, dass erst die Reinkarnation, die Lehre von der Wiedergeburt, dem Leben Kontinuität und damit Sinn gibt. Und ich fand zu meinen schamanischen Fähigkeiten zurück, die ich schon als Kind gespürt hatte. Als Schamanin habe ich Kontakt zu den Geistern in der anderen Hälfte unserer Welt, die nicht sichtbar, aber doch real ist. Von dort bekommen wir Rat, Hilfe und innere Kraft. Die meisten Menschen haben keinen Kontakt mehr zu dieser anderen Wirklichkeit. Ich kann ihnen dabei helfen, Verbindung zu ihren Geistern, ihren eigenen inneren Stimmen herzustellen – besonders auch dann, wenn der Abschied von dieser Welt, der Tod, nah ist. Ich tue das nicht für Geld, sondern weil es meine Aufgabe in diesem Leben ist.

3

Montage sind furchtbar, so grau und latschig. Ich leb' fürs Wochenende. Am Freitag und Samstag sind Raves bis zum frühen Morgen angesagt, und sonntags tanze ich dann noch mal von mittags bis abends im Frühclub ab. Tolle Musik, tolle Leute, Spaß haben und dabei allen Ärger vergessen – dafür lohnt sich's, nicht zu schlafen. Auf Raves gehen – das ist für mich das Wichtigste im Leben. Obwohl ich nicht mehr so krass bin wie früher, als ich ständig raven war. Sonst war ja auch alles Scheiße damals. Ärger mit den Eltern, keine Lehrstelle. Ich bin mit 14 von zu Hause ausgezogen, von da an waren die Raver meine Familie. Zuerst war ich froh dazuzugehören. Bis ich gemerkt habe: Wenn du ständig Party haben willst, dann musst du irgendwann Drogen nehmen, sonst bist du nicht gut drauf. Ich hab' auch ein Jahr lang was genommen – Ecstasy, Speed, Koks. Irgendwie hab' ich dann die Kurve gekriegt. Es gibt eben doch einen Unterschied zwischen Party-Leben und normalem Alltag. Ich hab' eine Lehre angefangen als Friseurin, die will ich unbedingt durchziehen und weniger oft weggehen. Seit kurzem habe ich einen Freund. Eine feste Beziehung ist wichtig, die gibt mir Halt. Später möchte ich Familie haben und Kinder, aber auch noch ab und zu abfeiern. Ich will einfach locker bleiben. Warum soll ich zu Hause hocken und keinen Spaß haben, die Welt geht trotzdem unter!

4

Ich habe mich lange vor der Erkenntnis gedrückt, dass ich aidskrank bin, obwohl ich mich schon 1983 infiziert habe. So lange wie ich hat kaum jemand in Deutschland das tödliche Virus überlebt. Vor einem Jahr habe ich eine große Krise gehabt. Erst da wurde mir wirklich klar, was das heißt: Ich werde an dieser Krankheit sterben. In den letzten Jahren habe ich ungefähr 50 Freunde an Aids verloren. Ich habe also nicht mehr viel Zeit. Früher habe ich oft ziemlich theoretisch über den Sinn des Lebens philosophiert. Heute, wo dieses Leben endlich ist, macht es keinen Sinn mehr für mich, über den Sinn oder Unsinn des Lebens nachzudenken. Wichtig ist zu gucken: Wo kann ich helfen? Was ist mein Job? Zum Beispiel die Sterbebegleitung von Aidskranken. Seit ich selbst infiziert bin, hat sich meine Einstellung zu kranken und sterbenden Menschen völlig verändert. Ich fürchte nicht mehr, etwas könnte ansteckend sein. Nicht nur das Virus, sondern auch Tod und Elend. Wenn man diese Angst überwunden hat, kann man einen Schritt näher auf einen Menschen zugehen und feststellen: Dort, in der Mitte des Taifuns, ist keine Gefahr. Das macht vieles leichter. Was ich für diese Menschen tun kann, ist, mit ihnen auszuhalten. Einfach bei ihnen zu sein. Natürlich bedroht es mich mehr als einen unbeteiligten Dritten, wenn jemand im Sterben liegt und sehr leidet. Gleichzeitig hat es jedoch etwas Tröstliches, zu wissen: Auch ich werde nicht allein sein, wenn es soweit ist.

5

Vor fünf Jahren ist meine Frau gestorben. Mit 31, sie war Alkoholikerin. Das war hart. In mir brach damals 'ne Welt zusammen. Und dann ging das los: Alkohol, harte Drogen … Seitdem bin ich auf Trebe. Ich hab' meinen Schlafsack dabei, meinen Rucksack, mein Zelt und meinen Hund Gaston, einen Schäferhund. Acht Jahre ist der jetzt alt. Mit sieben Wochen hab ich ihn aus'm Tierheim geholt und selber abgerichtet. Der hört auf jedes Kommando und lässt keinen an mich ran. Wir sind Tag und Nacht zusammen. Eher trenn ich mich von 'ner Frau als von Gaston. Wenn's mir gut geht, isser bei mir. Wenn's mir schlecht geht, isser auch bei mir – da wär 'ne Frau längst weg. Das ist ja'n Luderleben, das ich führe. Immer von der Hand in den Mund. Mir gefällt das auch nicht, dieses Leben. Ich bin das nicht gewohnt. Ich brauch 'ne Familie, 'ne Frau, 'ne geregelte Arbeit. Aber wie das so ist: ohne Wohnung keine Arbeit, ohne Arbeit kein Geld, ohne Geld keine Wohnung. Das Einzige, was meinem Leben noch einen Sinn gibt, ist mein Hund. Für den leb' ich, der ist mein bester Kumpel. Für den bin ich wichtig. Der wärmt mich in kalten Nächten auf der Straße. Ohne den wär' ich schon längst tot. Ich hab' schon oft überlegt, ob ich mich vor die S-Bahn werfen soll. Aber dann hab ich meinen Hund angeguckt, wie er so daliegt und mit dem Schwanz wedelt – und dann hab ich gedacht: Um mich ist es ja nicht schade. Aber dem Hund, dem kannst du das nicht antun.

6

Man lebt nur einmal. Und dieses eine Leben, finde ich, sollte möglichst Spaß machen! Am meisten Spaß macht mir mein Beruf, seit ich mich vor bald vier Jahren im Bereich Telefon-Marketing selbstständig gemacht habe. Oft arbeite ich zehn, zwölf Stunden am Tag, aber das macht mir nichts aus, weil es meine freie Entscheidung ist. Und wenn ich dann noch Erfolg habe – dann macht das einfach Spaß! Erfolg bedeutet für mich: Selbstbestätigung, Selbstverwirklichung, natürlich auch Geld. Geld ist ein sehr genaues Feedback: An meinem Kontostand kann ich ablesen, ob ich meinen Job gut mache oder nicht. Von dem Geld leiste ich mir den Luxus, unabhängig zu sein. Und natürlich auch Dinge, die mir Spaß machen. Eine schöne Wohnung zum Beispiel, Klamotten, Reisen. Gerade war ich zum Tauchen in der Karibik. Es war toll. … Auch darin sehe ich durchaus einen Sinn: Alles zu tun, um mir selbst und meiner näheren Umgebung das Leben so angenehm wie möglich zu machen. Mich ab und zu mal zu belohnen. Das können Kleinigkeiten sein: Immer frische Blumen im Büro. Mal richtig schön essen gehen. Aber auch, der Verkäuferin im Supermarkt ein nettes Lächeln zu schenken, Freunden zu helfen. Wenn ich schon in der großen Politik nichts bewirken kann, dann möchte ich wenigstens meinen Mitmenschen etwas von meiner positiven Energie abgeben.

Lektion 6 D

Lektion 6 E 3 (und E 4)

Journalist: Guten Tag! Wir machen eine Umfrage zum Thema Umweltschutz. Was tun Sie für die Umwelt?
● Jaaa. Hm, also ich hab' seit acht Jahren kein Auto mehr – man braucht einfach keins, wenn man in der Stadt wohnt. Ohne Autos ginge es uns allen viel besser. Wir hätten bessere Luft, wären nicht so aggressiv. Was heutzutage auf den Straßen so los ist! Ph! Ich bin auch so schnell an meinem Ziel. Und statt im Stau zu stehen, lese ich gemütlich in der U-Bahn meine Zeitung und komme entspannt ins Büro.

Journalist: Danke schön. … Entschuldigung, wir kommen vom Rundfunk und machen eine Umfrage: Was tun Sie für die Umwelt?
● Na, ich trenne natürlich meinen Müll, das ist gut für die Umwelt. Überhaupt, anstatt einfach alles wegzuwerfen und zu verbrennen, sollte man möglichst viel wiederverwerten. Das fände ich gut. Ich versuche auch, Müll zu vermeiden. Ich kaufe zum Beispiel Obst und Gemüse immer auf dem Markt, da ist es frischer und nicht so in Folie verpackt wie im Supermarkt. Na ja, und meistens nehme ich zum Einkaufen Stofftaschen mit, anstatt dass ich im Supermarkt dann Plastiktüten kaufe.

Journalist: Danke. … Entschuldigung, darf ich Sie einen Moment stören?
● Ja, worum geht es denn?
Journalist: Wir möchten gern wissen, was Sie für den Umweltschutz tun?
● Ich? Ja, also ich trenne natürlich meinen Müll. Außerdem heize ich möglichst wenig. Wenn ich friere, ziehe ich mir halt noch eine Jacke an, anstatt die Heizung ganz aufzudrehen. Und statt täglich zu baden, da dusche ich – das spart Wasser … Und im Urlaub, da muss ich auch nicht dauernd irgendwohin fliegen – das viele Fliegen ist ja ganz schlecht für die Umwelt, und man kann doch auch hier schön Urlaub machen …

Journalist: Na, dann vielen Dank. Darf ich dich mal was fragen? Machst du etwas für die Umwelt?
● Ja, klaro. Ich werf' nie Abfall auf die Straße, Bonbonpapiere, Tempos und so – meine Schulkameraden machen das schon mal. Mein Papa sagt, wenn das alle machen würden, dann würd' überall Müll rumliegen und es gäb' Krankheiten … und Ratten und so.

Journalist: Na, das ist ja toll! Danke schön. …Verzeihung, darf ich Sie mal etwas fragen? Was tun Sie für die Umwelt?
● Was ich für die Umwelt tue? Zum Beispiel kaufe ich Getränke und Joghurt nur in Pfandflaschen oder -gläsern. Ich bring' die alten Batterien immer ins Geschäft zurück und die abgelaufenen Medikamente in die Apotheke, statt das Zeug einfach in den Müll zu werfen. Ja, und statt diesen ganzen umweltfeindlichen Putzmitteln nehme ich nur alternative, die biologisch abbaubar sind.

Journalist: Hmhm …, vielen Dank. …Verzeihung. Was tun Sie, um die Umwelt zu schützen?
● Ach, lassen Sie mich doch mit diesem Öko-Quatsch in Ruhe. Seit Jahren wird nur über Waldsterben, Klimakatastrophe und so weiter geredet. Und? Was ist passiert? Gar nichts. Der Wald ist noch da und unser Wetter ist auch so wie immer. Ich finde, man muss gar nichts machen. Mülltrennen zum Beispiel – so ein Blödsinn! Man sollte wie früher alles verbrennen, das ist einfacher. Die Technik der Müllverbrennungsanlagen ist aber auf dem neuesten Stand, da kommt nicht viel Dreck in die Luft. Und ich hab' in meiner Küche statt zehn stinkender Abfalleimer endlich wieder nur einen. Da blickt man wenigstens durch!

Journalist: Hm …, vielen Dank. …Verzeihung. Was tun Sie für die Umwelt?
● Für die Umwelt? Ja, wir …
■ Wir kaufen nie Fertiggerichte oder was in Dosen, obwohl das ja schneller geht und auch praktisch ist. Aber die vielen Verpackungen, die dann im Müll landen – das ist nicht gut. Und wir gehen auch nie einkaufen, ohne eine Tasche mitzunehmen.
● Und bei den Elektrogeräten. Neulich ist unsere Waschmaschine kaputtgegangen. Statt eine billige Maschine zu kaufen, die viel Energie verbraucht, haben wir eine umweltfreundliche geholt.

- Hmhm, die ist zwar im Moment teurer, aber wir zahlen ja dann auch weniger, wenn die Stromrechnung kommt.

Journalist: ... Entschuldigung. Was machen Sie für die Umwelt?

- Also, ich habe einen Garten, da baue ich Obst und Gemüse an. Und statt dass ich diesen ganzen Chemiekram benutze, Dünger, Insektenvernichtungsmittel und so, verwende ich nur natürliche Mittel, zum Beispiel Brennnesselsud gegen Blattläuse. Und ich sage Ihnen, mein Obst und Gemüse schmeckt ganz anders als das gekaufte. Da merkt man schon einen Unterschied. Ich kann das aus dem Supermarkt gar nicht mehr essen.

Journalist: Ja, das glaube ich Ihnen. ... Entschuldigung. Was machen Sie für die Umwelt?

- Also, generell versuche ich, natürliche Materialien zu kaufen. Bei der Kleidung z. B. keine Synthetik, sondern Baumwolle, Wolle oder Seide. Unsere Gartenstühle sind aus Holz statt aus Plastik. Das hat zwar alles seinen Preis, aber letzten Endes halten die Sachen viel länger als der billige Plastikkram. Ja, und was Aktuelles: Ich wohne in einem Altbau, und da hab ich gerade meine Toilette neu machen lassen – mit Stopp-Taste am Wasserkasten, damit man nicht so viel Wasser verschwendet. Das sind nur kleine Dinge, aber jeder sollte halt ein bisschen auf die Umwelt achten, statt einfach nur zu konsumieren. Dann wäre der Natur schon viel geholfen.

Journalist: Vielen Dank.

12–16 Lektion 7   A 8

12
1
Es hat mich eigentlich immer schon gestört. Ich weiß nicht, ich hab's einfach als Störung des Familienlebens empfunden. Die Kinder haben ihr Spiel dafür unterbrochen. Ständig wurde diskutiert. Abends haben wir die Kinder hinter dem Sessel entdeckt, die heimlich mitguckten. Als wir dann in dieses Haus gezogen sind, haben wir den Kasten rausgeschmissen. Die Kinder waren einverstanden. Für die eingesparten Fernsehgebühren durften sie sich reihum ein Buch oder eine Schallplatte pro Monat aussuchen. Fast alle sind begeisterte Leseratten geworden. Wir lesen viel vor und spielen Gesellschaftsspiele. Ohne Fernseher können wir in unserem eigenen Rhythmus leben.

13
2
Ich bin süchtig nach Fernsehen, deswegen lebe ich ohne. Nach dem Fernsehen hatte ich immer ein schales Gefühl. Als mein Fernseher dann kaputt ging, hab ich ihn nicht reparieren lassen. Das hat mir eine ganz neue Lebensqualität beschert – Zeit, mal wieder so einen richtigen Schmöker zu lesen, Zeit für Freunde, Gespräche und Theaterbesuche – ich fühle mich jetzt viel besser.

14
3
Ich hab' mich von meinem Fernseher getrennt, als ich an meiner Diplomarbeit saß. Ich merkte plötzlich, wie sehr das Fernsehprogramm meinen Tagesablauf bestimmte. Ich hab' gearbeitet, bis MacGyver anfing, eine Sendung, die ich wegen ihres intelligenten Witzes mochte. Gleich danach gab es immer Quincy. Da ich meine Zeit genau einteilen musste, fiel mir auf, wie sich meine Fernsehzeiten ausdehnten. Als ich das erkannt hab', konnte ich ganz damit aufhören. Ich hab' das Gerät in den Keller geräumt und konnte in Ruhe meine Diplomarbeit schreiben. Jetzt lebe ich seit sechs Jahren ohne und vermisse nichts.

15
4
Ich hab' das Fernsehen abgeschafft, als mein Sohn 15 war. Früher wurde bei uns Sesamstraße geguckt, Nachrichten und sonst nichts. Abends musste ich immer am Schreibtisch arbeiten, so dass ich kaum Zeit hatte fernzusehen. Durch den Kabelanschluss vervielfachten sich die Möglichkeiten, die ewigen Verhandlungen um „nur noch diesen Film" haben mich genervt. Als der Fernseher kaputt war, war ich froh. Die Ruhe war herrlich! Natürlich protestierte mein Sohn gegen die Abschaffung. Ich halte Fernsehen für eine Droge und versuche, mein Kind davor zu schützen. Der Kontakt zwischen uns intensivierte sich, als der Fernseher weg war. Nach dem Essen saßen wir oft noch lange zusammen und haben geredet, und das betrachte ich heute als eigentlichen Gewinn.

16
5
Also, bei mir ist die Entscheidung sozusagen noch ganz frisch. Die ersten Tage sind die schlimmsten. Aber ich wollte einfach mal ausprobieren, wie das ist, so ein Leben ohne Fernsehen. Ich finde, es ist so ein bisschen wie ein Sicherheitsnetz, das plötzlich fehlt. Der Gedanke, an einem Abend allein zu Hause zu sein, macht dann irgendwie Angst. Man weiß im ersten Moment gar nichts mit sich anzufangen, wird nervös und kann sich auf nichts anderes richtig konzentrieren. Aber ich habe beschlossen, diese Unruhe auszuhalten. Für mich war das total erschreckend zu merken, dass ich schon so abhängig bin von diesem blöden Gerät.

17   Lektion 7   B 6

- Ich habe gestern eine Reportage im Radio gehört, die war wirklich interessant. Die haben da eine Studie zum Leseverhalten von Schulkindern vorgestellt. Ein schockierendes Ergebnis war für mich, dass Lehrer fast 20 Prozent aller Schüler als „lesefeindlich" bezeichnet haben. Und die Tendenz ist steigend.
- Also, das wundert mich nicht. Die bunten Bilder im Fernsehen sind natürlich viel faszinierender als die anstrengende Lektüre eines Buches. Und bei der „Sesamstraße" oder bei der „Sendung mit der Maus" kann man doch auch 'was lernen.
- Aber das ist trotzdem kein Ersatz fürs Lesen. Die haben das genau erklärt: Auch Kindersendungen, die sozusagen sprechende Lesebücher sind, haben nicht den entscheidenden Vorteil des Lesens, nämlich die Übung, sich zu konzentrieren, sich Dinge selbst vorzustellen und sie zu bewerten. Lesende Kinder können Informationen einfach besser nutzen, Fernsehen ist nur Konsum ohne Lernprozesse und höchstens als ergänzendes Medium sinnvoll.
- Aber wenn die Kinder nicht lesen wollen? Was kann man denn deiner Meinung nach gegen die fehlende Lesemotivation bei Kindern tun?
- Na ja, das ist schwierig. Es muss ja nicht gleich die Bilderbuchfamilie mit dem lesenden Papa auf der Bettkante und den spielenden Kindern auf dem Fußboden sein. Aber Lesen ist irgendwie Familiensache. Es ist der Schlüssel zur Welt. Und ich finde, den müssen Eltern ihren Kindern in die Hand geben, indem sie bei der Auswahl der passenden Bücher helfen, vorlesen, über die Bücher reden ... tja, und das Lesen so zu etwas Besonderem machen.

18 Lektion 7 D 2

- ● Hallo Beate. Weißt du was? Ich hab' jetzt auch Internet zu Hause.
- ■ Super. Dann musst du mir unbedingt mal deine E-Mail-Adresse geben. Dann kann ich dir vom Büro aus mailen. Du wirst sehen, das macht viel Spaß. Ich checke mindestens fünfmal am Tag meine Mailbox und gucke nach neuen E-Mails. Das ist so, als würde man ständig zum Briefkasten rennen. Nur, dass dieser eben elektronisch ist.
- ● Sag mal, und wie funktioniert das mit dem Chatten? Ich kann mir das gar nicht richtig vorstellen.
- ■ Das ist ganz einfach. Man unterhält sich sozusagen schriftlich mit anderen Menschen aus aller Welt. Komm mal vorbei. Dann zeige ich dir das mal. Auch wie man im Internet surft. Da braucht man auch ein bisschen Übung.
- ● Hast du zufällig gestern Abend die Talkshow im ZDF gesehen? Da ging's um Paare, die sich übers Internet kennen gelernt haben. Das war vielleicht interessant.
- ■ Nee, hab' ich nicht. Ich hab' ewig nur herumgezappt und konnte mich nicht entscheiden, was ich sehen wollte. ... Und was diese E-Mail-Bekanntschaften angeht ... hör bloß auf! Damit hab' ich schlechte Erfahrungen gemacht. Ich hab' mich mal mit einem getroffen, und der war in Wirklichkeit dann ganz anders. Das war echt 'ne Enttäuschung.
- ● Was? Das hast du ausprobiert? Das musst du mir mal genauer erzählen ...

19 Lektion 7 E

20–24 Lektion 8 A 2

20
1

Journalistin: Guten Tag, darf ich Sie mal etwas fragen?
- ● Jaaa, was denn?

Journalistin: Wir machen eine Umfrage zum Thema „Welche Zukunftspläne haben die Deutschen?" und wir wüssten gern, was Sie in nächster Zukunft vorhaben.
- ● Jaa, ähm, also mein ganz großer Traum ist es einmal auf den Mond zu fliegen. Das stelle ich mir atemberaubend schön vor ... In den nächsten Jahren würde ich gern so einen Test machen, ob ich überhaupt dafür geeignet wäre. Aber es ist nicht einfach so weit zu kommen.

Journalistin: Danke schön und wir drücken Ihnen die Daumen, dass es klappt!

21
2

Journalistin: Entschuldigung, wir kommen vom Rundfunk und machen eine Umfrage: Was haben Sie für die nächsten Jahren geplant?
- ● Also, ich träume davon, Schauspieler zu werden. Mario Adorf ist mein großes Vorbild. Den find' ich echt klasse. ... Hm. Ich bereite mich gerade auf meine Aufnahmeprüfung für die Schauspielschule vor – Gesangsstunden, Tanzunterricht, Stimmbildung und so. In vier Wochen ist es so weit – ich hoffe, ich schaff's!

Journalistin: Na, dann wünschen wir Ihnen viel Glück und toi toi toi!

22
3

Journalistin: Entschuldigung, darf ich Sie einen Moment stören?
- ● Ja.
- ■ Worum geht es denn?

Journalistin: Wir möchten gern wissen, welche Zukunftspläne Sie haben?
- ● Ich? Ja, äh... also wir wollen bald heiraten und eine Familie gründen.
- ■ Wir sind gerade dabei, alle Papiere dafür zu besorgen und einen Termin beim Standesamt zu machen.
- ● Und wir wollen ein richtig großes Fest mit allem Drum und Dran ... Das Hochzeitskleid haben wir schon. Ein Traum in Weiß, sage ich Ihnen!

Journalistin: Ja, dann viel Glück für die gemeinsame Zukunft! ...

23
4

Journalistin: Und Sie? Haben Sie Pläne für die Zukunft?
- ● Ja, natürlich. Ich möchte gern mal ein oder zwei Semester im Ausland studieren. Ich habe letztes Jahr Abitur gemacht und angefangen Wirtschaftswissenschaften zu studieren. Ich weiß noch nicht genau, wann ich das mache, aber ich hoffe, innerhalb der nächsten zwei, drei Jahre.

Journalistin: Na, dann wünsch' ich Ihnen alles Gute ...

24
5

Journalistin: Verzeihung, darf ich Sie mal etwas fragen? Welche Pläne haben Sie denn für die nächsten Jahre?
- ● ... Jaaa, in drei Jahren gehe ich in Rente und da denke ich jetzt oft darüber nach, was dann kommt. Viele freuen sich ja, dass Sie endlich nicht mehr arbeiten müssen. Aber wenn man keine Aufgabe mehr hat, ... dann werden viele krank. Ich möchte aktiv bleiben und mich irgendwie ehrenamtlich engagieren oder bei einer Umweltorganisation mithelfen. Wenn man voll im Berufsleben steht, dann kommt das soziale Engagement leider viel zu kurz. Ich freue mich schon darauf und hoffe, dass ich auch die Kraft dafür habe.

Journalistin: Die wünschen wir Ihnen! Vielen Dank.

25–29 Lektion 8 B 5

25
1

Hallo meine liebe Cousine, hier ist Stefan. Ich habe schon so oft probiert, euch zu erreichen, aber immer ist dieser dumme Anrufbeantworter dran! Ich wollte mich nur für die Einladung zu eurer Hochzeit bedanken und freue mich sehr auf euch. Habt ihr denn einen besonderen Wunsch? Überlegt mal, ich versuche es weiter! Viele Grüße und Servus!

26
2

Müller Immobilien Service, Claudia Jasner, guten Tag. Könnten Sie mich bitte heute noch anrufen unter der 0 61 96-66 16 68. Ich bräuchte noch ein paar Angaben von Ihnen. Vielen Dank. Auf Wiederhören.

27
3

Guten Tag, Familie Girlinger, hier ist die Bäckerei Sandmann. Sie hatten für heute eine Erdbeersahnetorte bestellt und wollten sie bis 15 Uhr abholen. Es ist jetzt 16.30 Uhr. Wir möchten Sie daran erinnern, dass wir um 18 Uhr schließen. Vielen Dank. Auf Wiederhören.

🔘 28

4

Hallo Manu, hier ist Sylvie. Du, das wird heute Abend nichts mit dem Joggen. Ich muss Überstunden machen. Tut mir total leid! Aber vielleicht klappt's am Samstag. Tschüs.

🔘 29

5

Guten Tag, Friseursalon Gehrmann, Conni am Apparat. Liebe Frau Gaiser, Sie haben morgen um 11 Uhr einen Termin bei Dagmar, leider ist sie krank geworden. Ich kann Ihnen einen neuen Termin am Freitag um 11 Uhr anbieten. Leider habe ich vorher auch keine Zeit. Rufen Sie doch bitte zurück, ob Ihnen der neue Termin passt. Vielen Dank und tschüss.

🔘 30 **Lektion 8   C2**

Journalist: Willkommen zu unserer Sendereihe: „Berufswahl leicht gemacht".
Unser Thema heute ist der „Girl's Day". In unserem Studio begrüße ich Frau Schmidt, Lehrerin an der Elsa-Brandström-Schule.
Frau Schmidt, das Bundesministerium für Bildung und Forschung hat diesen Tag ins Leben gerufen. Können Sie uns kurz sagen, was der Mädchen-Zukunftstag ist und was er bewirken soll?
● Ja, sehr gern. Die meisten Mädchen und jungen Frauen entscheiden sich bei Ihrer Berufswahl immer noch überwiegend für „typisch weibliche" Ausbildungsberufe oder Studienfächer. So wählen zum Beispiel mehr als die Hälfte der jungen Frauen aus nur zehn verschiedenen Ausbildungsberufen. Und das, obwohl es insgesamt etwa 350 davon gibt. Sie schöpfen damit ihre Möglichkeiten nicht voll aus.
Am Girl's Day haben die Mädchen der Klassen fünf bis zehn die Gelegenheit, einen Tag lang in einen technischen, handwerklichen, oder naturwissenschaftlichen Beruf hineinzuschnuppern. Sie können so Einblicke in Berufe bekommen, in denen Frauen immer noch nicht stark vertreten sind. Das Ziel ist, bei Mädchen das Interesse an nicht „typisch weiblichen" Berufen zu wecken und Ihnen die Berufswahl leichter zu machen.

🔘 31 **Lektion 8   C3**

Journalist: Willkommen zu unserer Sendereihe: „Berufswahl leicht gemacht".
Unser Thema heute ist der „Girl's Day". In unserem Studio begrüße ich Frau Schmidt, Lehrerin an der Elsa-Brandström-Schule.
Frau Schmidt, das Bundesministerium für Bildung und Forschung hat diesen Tag ins Leben gerufen. Können Sie uns kurz sagen, was der Mädchen-Zukunftstag ist und was er bewirken soll?
● Ja, sehr gern. Die meisten Mädchen und jungen Frauen entscheiden sich bei Ihrer Berufswahl immer noch überwiegend für "typisch weibliche" Ausbildungsberufe oder Studienfächer. So wählen zum Beispiel mehr als die Hälfte der jungen Frauen aus nur zehn verschiedenen Ausbildungsberufen. Und das, obwohl es insgesamt etwa 350 davon gibt. Sie schöpfen damit ihre Möglichkeiten nicht voll aus.
Am Girl's Day haben die Mädchen der Klassen fünf bis zehn die Gelegenheit, einen Tag lang in einen technischen, handwerklichen, oder naturwissenschaftlichen Beruf hineinzuschnuppern. Sie können so Einblicke in Berufe bekommen, in denen Frauen immer noch nicht stark vertreten sind. Das Ziel ist, bei Mädchen das Interesse an nicht „typisch weiblichen" Berufen zu wecken und Ihnen die Berufswahl leichter zu machen.
Journalist: Wie wird der Tag denn angenommen? Machen viele mit?
● Ja, das wird jedes Jahr mehr. Diese Chance lassen sich inzwischen die meisten Mädchen nicht entgehen. Ungefähr vierzig- bis- fünfzigtausend Teilnehmerinnen haben wir letztes Jahr gehabt.
Journalist: Dieses Jahr gibt es auch zum ersten Mal für die Jungen ein Angebot. Wie darf man sich das vorstellen?
● Ja, das ist richtig. In diesem Jahr bekommen die Jungen die Gelegenheit, sich soziale Berufe anzuschauen. Sie gehen in Krankenhäuser, in Altenheime oder Kindergärten, eben dahin, wo sonst kaum Männer arbeiten. Das Ziel ist dasselbe wie bei den Mädchen, neue Berufsbereiche kennen zu lernen und auszuprobieren.
Journalist: Bei uns im Studio begrüße ich Marina und Peter, die sich am „Girl's Day" beteiligt haben. Sie gehen beide in die zehnte Klasse der Elsa-Brandström-Schule. Marina, wo warst du und warum hast du mitgemacht?
■ Ja, also ich war bei einer Firma, die Abfall wiederverwertet bzw. beseitigt. Ich wollte vor allem gern mehr über Recycling erfahren.
Journalist: Und du Peter, wo warst du?
▲ Ich habe einen Tag im Kindergarten verbracht. (lacht) Na ja, ich hab drei kleine Geschwister und spiel gern mit denen, da wollte ich mal sehen, wie das so in einem Kindergarten abläuft.
Journalist: Könnt ihr ein bisschen mehr erzählen? Was habt ihr so gemacht und erlebt? Marina, erzähl doch mal.
■ Um 8.30 Uhr ging es los. Zuerst wurden wir, das bedeutet 18 Mädchen, von der Geschäftsleitung begrüßt. Danach gab es Frühstück. Ein riesengroßes Büffet mit allem drum und dran. Ganz toll. So gegen 9.30 haben wir einen kleinen Rundgang gemacht und sind dann zur Sortieranlage gegangen. Uns wurde erklärt, wie Müll, z.B. Papier, zusammengepresst wird und wie schwer das dann ist. Danach durften wir Elektrogeräte zerlegen. Das war super! Um 11.30 haben wir den Recyclinghof und die Sickerwasserklärenlage besucht. Das war spannend zu sehen, wie aus dreckigem Wasser wieder Trinkwasser gemacht wird.
Also in meinem späteren Berufsleben möchte ich gern etwas mit Abwassertechnik machen. Das ist ganz sicher … Vielleicht werde ich mein zweites Schulpraktikum im September irgendwo als Fachkraft für Abwassertechnik machen.
Journalist: Habt ihr denn auch über die Voraussetzungen gesprochen, die man für den Beruf mitbringen muss?
■ Ja, ein bisschen. Beim Mittagsessen erklärte mir Herr Gevert, welche Schulfächer wichtig für diesen Beruf sind. Mindestens eine Drei muss es in Naturwissenschaften und Mathematik sein. Ja, das müsste ich schon schaffen.
Journalist: Und was hast du noch erlebt?
■ Ähm, ja. Nach dem Mittagessen sind wir zur Mülldeponie. Dort durften wir uns in das Riesen-Kraftfahrzeug setzen, das über 27 Tonnen wiegt. Der Fahrer hat uns dann alles erklärt. Um 14.30 Uhr sind wir zurück zur Kantine gefahren. Da haben wir noch Kaffee getrunken und ein Müll-Quiz gemacht. Um 15.30 Uhr war der Girl's Day leider schon zu Ende. Ich wäre so gern noch geblieben.
Journalist: Also war für dich der Tag ein voller Erfolg. …
■ Ja, absolut. Der Girl's Day ist eine tolle Chance, sich die Berufe anzugucken, von denen man nicht gedacht hätte, dass sie so interessant sein können.
Journalist: Vielen Dank erst mal, Marina. Bevor uns Peter von seinem Tag berichtet machen wir erst mal Musik: Thomas D. mit „Frisör".

HÖRTEXTE   ARBEITSBUCH

1–3 Lektion 5, Übung 9

1

Ich begrüße Sie zu unserem Seminar „Mobbing – was tun?" und freue mich, dass Sie so zahlreich erschienen sind. Das zeigt ja auch, dass Sie mit Ihren Problemen nicht allein sind. Ich schlage vor, dass jeder von Ihnen mal kurz von seiner persönlichen Arbeitssituation berichtet. Wie wär's Frau Tesche, möchten Sie vielleicht anfangen?
Ja, gern. Also, ich bin Katharina Tesche, 38 Jahre alt und Sekretärin von Beruf. Vor ca. zwei Jahren sind mein Mann und ich von Hamburg nach München gezogen. Weil ich 'n ziemlich gutes Zeugnis hatte, war's eigentlich auch kein Problem, 'ne neue Stelle zu finden. Die Kollegin, mit der ich in dieser Firma mein Büro teile, heißt Frau Ladewig und ist schon seit 20 Jahren in der Firma.
„Na, da hab ich ja Glück", hab ich gleich zu ihr gesagt, um schon mal das Eis zu brechen, „mit Ihrer Erfahrung können Sie mir sicher helfen, wenn ich anfangs noch nicht so gut zurechtkomme." Und was antwortet sie? „Anfänger können wir hier nicht brauchen, wir haben wirklich genug um die Ohren." Das muss man sich mal vorstellen!
Na ja, anfangs war ich ja noch ganz optimistisch. Aber wenn ich sie dann mittags mal gefragt hab, ob sie vielleicht mit mir in die Kantine gehen möchte, ist sie doch tatsächlich einfach aufgestanden, ohne was zu sagen, und ist mit anderen aus der Abteilung essen gegangen. Hart, oder? Auf jede Frage, ob nach dem Kopierer oder nach einer wichtigen Akte – ständig kriege ich nur irgendeine unfreundliche Antwort. Dann ärgere ich mich darüber, dass sie bei der Arbeit immer so laut Musik hört. Ich kann mich so einfach nicht konzentrieren. Aber wenn ich sie mal freundlich darum bitte, das Radio leiser zu stellen, tut sie so, als ob sie nichts hört. Ja, wirklich! Als würde ich überhaupt nicht existieren! Aber das ist noch nicht alles! Irgendwann sind sogar über Nacht Akten aus meinem Schreibtisch verschwunden. Letzte Woche waren sogar Ferngespräche auf meiner Telefonliste, die ich nie im Leben geführt habe …

2

Hallo! Ich bin Anja, 19 Jahre, und hab vor ein paar Wochen Abi gemacht. Ich träume eigentlich schon lange davon, zwischen Abi und Studium noch mal so'ne richtig große Reise zu machen. Um mir dafür ein bisschen Geld zu verdienen, hab ich in so'nem Nobel-Restaurant angefangen, als Hilfs-Kellnerin – für'n miesen Stundenlohn. Ne Freundin hat mir den Job besorgt.
Ich dachte ja echt, die würden mir wenigstens am Anfang mal erklären, worauf ich so achten muss. Schließlich habe ich vorher noch nie im Service gearbeitet. Aber nichts da. Damit muss ich ganz alleine klarkommen. Wenn ich mal einen Fehler mache – und das kommt natürlich ziemlich oft vor –, macht mich der Oberkellner echt vor den Gästen fertig. Das ist vielleicht schrecklich, total peinlich! Und wenn irgendwelche Gerichte mal ausverkauft sind, erfahre ich auch nur durch Zufall davon. Oh Mann … Wenn ich daran denke, wie die anderen Kollegen immer hinter meinem Rücken über mich reden … Richtig fies ist das! Und wenn ich mich dann mal mit ihnen unterhalten will, herrscht plötzlich eisiges Schweigen. So 'was kann ganz schön wehtun. Ach ja, und die Sache mit dem Trinkgeld. Ich darf nicht kassieren, also sehe ich auch nie einen Cent davon. Das ist doch echt ungerecht, oder?

3

Mein Name ist Marco. Ich bin Italiener, lebe aber schon seit 15 Jahren in Deutschland. Von Beruf bin ich Maurer. In meiner jetzigen Firma arbeite ich schon seit zehn Jahren, und mein Chef war eigentlich immer zufrieden mit meiner Arbeit. Vor ungefähr einem Jahr habe ich zwei neue Kollegen bekommen: Klaus und Rüdiger, beide so Anfang zwanzig und mit 'ner großen Klappe. In den Pausen haben die immer 'ne Menge Geschichten erzählt und derbe Witze und so. Am Anfang fand ich das ja noch ganz witzig, aber irgendwann konnte ich wirklich nicht mehr darüber lachen. Die meisten Sprüche waren ausländerfeindlich, und dann hatte ich irgendwann das unbestimmte Gefühl, dass sie auch speziell gegen mich gerichtet waren. Oder wie soll ich das sonst verstehen, wenn die ständig ausländerfeindliche Witze erzählen?! Seit ich einmal dagegen protestiert habe, ist es noch schlimmer geworden. Jetzt reden Sie sogar schon schlecht über meine Familie, verstecken mein Werkzeug, rufen meine Frau an und erzählen ihr irgendeinen Mist …

4 Lektion 5, Übung 11

Ihr Chef ist auf Geschäftsreise und ruft Sie im Büro an. Sie sollen verschiedene Dinge für ihn erledigen. Die Telefonverbindung ist sehr schlecht, und manchmal können Sie nicht verstehen, was er sagt. Deshalb müssen Sie nachfragen.
Nächste Woche Montag fliege ich nach Mailand. Sagen Sie, könnten Sie sich bitte um <u>die Hotelreservierung</u> kümmern?
Wie bitte? Worum soll ich mich kümmern?
Worum Sie sich kümmern sollen? Um die Hotelreservierung in Mailand. Sie wissen doch, dort ist nächste Woche Messe. Ach ja, und könnten Sie bitte für den kommenden Freitag noch einen Termin mit <u>Frau Spirgatis</u> machen?
Wie bitte? Mit wem soll ich einen Termin machen?
Mit wem Sie einen Termin machen sollen? Mit Frau Spirgatis. Sie wissen doch, dort ist die Dame von „Multimedia Consult". Bevor ich's vergesse: Könnten Sie bitte an <u>das Protokoll der letzten Sitzung</u> denken?
Wie bitte? Woran soll ich denken?
Woran Sie denken sollen? An das Protokoll der letzten Sitzung. Sie wissen doch, das muss noch geschrieben werden. Könnten Sie dann bitte auch eine Kopie an <u>Herrn Sundermann</u> schicken?
Wie bitte? An wen soll ich eine Kopie schicken?
An wen Sie eine Kopie schicken sollen? An Herrn Sundermann. Sie wissen doch, das ist der Herr aus der Marketing-Abteilung der „Commax West". Könnten Sie diesmal bitte auf <u>die genaue Adresse</u> achten?
Wie bitte? Worauf soll ich achten?
Worauf Sie achten sollen? Auf die genaue Adresse. Sie wissen doch, letztes Mal ist der Brief nicht angekommen, weil wir eine falsche Hausnummer hatten. … Ja, und dann wäre es schön, wenn Sie sich schon mal über <u>den Betriebsausflug</u> Gedanken machen könnten.
Wie bitte? Worüber soll ich mir Gedanken machen?
Worüber Sie sich Gedanken machen sollen? Über den Betriebsausflug. Sie wissen doch, am 14.6. wollen wir mit der ganzen Firma nach Goslar fahren. Bitte erkundigen Sie sich dann auch gleich nach <u>einem guten Restaurant</u>.
Wie bitte? Wonach soll ich mich erkundigen?
Wonach Sie sich erkundigen sollen? Nach einem guten Restaurant. Sie wissen doch, wir wollen in Goslar Mittag essen. Es wäre gut, wenn Sie auch mit <u>Frau Höllrigl</u> sprechen würden.

Wie bitte? Mit wem soll ich sprechen?
Mit wem Sie sprechen sollen? Mit Frau Höllrigl. Die ist doch für die Organisation zuständig. Ach ja, und dann könnten Sie eigentlich schon mal mit den Vorbereitungen für die Präsentation beginnen?
Wie bitte? Womit soll ich beginnen?
Womit Sie beginnen sollen? Mit den Vorbereitungen für die Präsentation. Wir brauchen unbedingt noch einen großen Raum. Das Beste ist, wenn Sie mal bei Herrn Koslowsky nachfragen.
Wie bitte? Bei wem soll ich nachfragen?
Bei wem Sie nachfragen sollen? Bei Herrn Koslowsky, unserem Hausmeister. Sagen Sie mal, was ist denn eigentlich los? Die Verbindung ist wohl sehr schlecht. Wir sollten jetzt mit diesem Gespräch Schluss machen.
Wie bitte? Womit sollten wir Schluss machen?
Womit wir Schluss machen sollten? Na, mit diesem Telefongespräch. Und rufen Sie gleich anschließend beim Störungsdienst an!
Wie bitte? Bei wem soll ich anrufen?
Bei wem Sie anrufen sollen? Beim Stö-rungs-dienst. Aber vielleicht ist es ja auch gar nicht das Telefon …

Lektion 5, Übung 14

■ Sag mal, weißt du, warum die Chefin heute schon wieder so schlechte Laune hat?
● Ich weiß auch nicht. Irgendjemand hat mir mal erzählt, dass sie private Probleme hat.
■ Na ja, irgendwie finde ich das nicht in Ordnung. Ich lasse meine schlechte Laune ja auch nicht an meinen Kollegen aus, wenn ich zu Hause irgendwelche Probleme habe. Weißt du irgendetwas Genaueres darüber?
● Ich glaube, irgendwann vor ein paar Wochen hat ihr Mann sie verlassen.
■ Wirklich? Na, umso besser! Den fand ich sowieso irgendwie seltsam. Dann soll sie sich doch irgendeinen netten Kollegen aus der Firma angeln.
● Ha ha! Du glaubst doch nicht im Ernst, dass irgendjemand hier im Hause bei ihr eine Chance hätte. Der müsste doch mindestens eine Million auf dem Konto haben. Und außerdem müsste er ein tolles Auto fahren. Nicht irgendeins, mindestens einen Mercedes oder einen BMW.
■ Meinst du wirklich? Ach nee, irgendwie glaub ich nicht, dass ihr Geld so wichtig ist.
● Na, das werden wir ja sehen. Irgendwelche Verehrer hat sie ja schließlich immer.

Lektion 5, Übung 23

Lektion 5, Übung 25

Lektion 5, Übung 26

Lektion 6, Übung 9

Einblende: Take 1
Funkgespräch, Martinshorn etc
Sprecher 1: Alltag bei der freiwilligen Feuerwehr. Junge Männer proben einen Übungseinsatz. Leben retten. Im Notfall. Viele Männer und Frauen tun das freiwillig und ohne einen Cent dafür zu sehen. Sie alle wollen helfen – aus ganz unterschiedlichen Motiven:

Take 2
■ Ja, bei mir war die Motivation so gelagert, dass mein Großvater schon in Niederrad '38 eingetreten ist. Dann, mein Onkel, der war Wehrführer, mein Vater ist jetzt Wehrführer und da rutscht man automatisch mit rein.
● Ich bin alleinstehend. Und nach dem Beruf, wo man immer mit Menschen zu tun gehabt hat, konnte für mich kein Abschnitt da sein, wo ich eben vollkommen nur allein für mich in der Wohnung sitzen konnte oder zum Fenster rausgucken. Dafür bin ich nicht der Typ. Und auf die Art und Weise hab ich mir gedacht: Irgendwas muss es geben, wo ich anderen was beibringen kann oder für andere da sein.
▲ Ich arbeite seit sieben Jahren in der Bahnhofsmission als Ehrenamtliche. Mache das aus christlichem Hintergrund, aus Nächstenliebe, denn die Armut nur anzuschauen und nichts machen, finde ich nicht so gut. Ich mache alle Arbeiten, die auch die Hauptamtlichen machen: Brot ausgeben, Abholungen, Suppe kochen, was anfällt. Wenn die Ehrenamtlichen in der Bahnhofsmission nicht wären, wäre das ein großes Minus für die Bahnhofsmission. Die Essensausgabe wäre dadurch vielleicht nicht mehr möglich.

Sprecher 1: Jeder Sechste über 16 ist freiwillig unentgeltlich tätig. Das sind bundesweit etwa sechs Millionen Menschen. Junge Menschen engagieren sich in der Hoffnung, dadurch bessere Chancen auf eine feste Arbeitsstelle zu bekommen. Ältere Männer wollen etwas Sinnvolles tun. Frauen suchen neue Betätigungsfelder, wenn die Kinder aus dem Haus sind. In fast allen Bereichen des öffentliche Lebens sind sie aktiv.

Take 3
■ Wir machen ehrenamtliche Stadtführungen. Wir begleiten die Leute und erzählen denen vollkommen individuell von Frankfurt. Wir stöbern versteckte Ecken auf und Winkel, die oft selbst die Ureinwohner von Frankfurt nicht kennen.
● Den Palmengarten kenn ich schon als Kind. Wir reinigen die Schauhäuser, wir zupfen Unkraut, wir machen Hilfsdienste: Anreichen von Geräten, Rumstehen, Stangen halten. Und im Sommer können wir den Gartenbereich sauber halten. Ich glaube, wenn die vielen Ehrenamtlichen solche Hilfsdienste nicht leisten würden, würde auch das Ansehen und das Niveau vom Palmengarten stark darunter leiden.

Sprecher 1: Ehrenamtliche engagieren sich in Vereinen: Im Sportverein als Kassenwart, beim Chor als Dirigent. Und: Sie sind im sozialen und kirchlichen Bereich aktiv. Stundenlang sitzen sie bei der Telefonseelsorge am Telefon und hören Menschen zu, die Probleme haben. Sie bringen alte und schwerkranke Menschen zum Arzt oder ins Krankenhaus. Und: Sie helfen Menschen, die aus eigener Kraft mit ihrem Leben nicht zurechtkommen.

Take 4
■ Mit meiner Frau zusammen betreuen wir ein Aussiedlerehepaar aus der Ukraine. Wir erledigen Behördengänge für sie, wir haben ihnen eine Wohnung besorgt. Die Kinder gehen in die Schule und wir haben für die Kinder verschiedene Aktivitäten besorgt wie Schwimmunterricht für die Tochter und Turnunterricht für den Sohn, eben alles was anfällt nehmen wir ihnen ab. Und im Großen und Ganzen sind wir für die quasi auch 'n bisschen Elternersatz und für die Kinder Großeltern.

Sprecher 2: Sich bei der Stadt oder in der Gemeinde engagieren, im sozialen oder kirchlichen Bereich aktiv sein oder in Vereinen mitarbeiten – das sind die klassischen Bereiche, in denen sich viele Männer und Frauen freiwillig für andere einsetzen, ohne einen Cent dafür zu bekommen. Viele Bereiche des öffentlichen Lebens würden heute überhaupt nicht mehr funktionieren, wenn es keine Ehrenamtlichen mehr gäbe.

Sprecher 1: Dass Fürsten und Adlige unbezahlte Ämter übernahmen, gab es schon im Mittelalter. Sie traten als Schöffen, Laienrichter oder Kirchenvorsteher auf, um sich Ansehen und

Einfluss zu verschaffen. Jahrhunderte später, mit dem aufstrebenden Bürgertum, begannen wohlhabende Bürger ein Ehrenamt zu übernehmen. Von wichtigen Entscheidungen waren sie allerdings noch ausgeschlossen.

11 Lektion 6, Übung 14

Schüler: Ja, liebe Hörerinnen und Hörer, heute ist „Vor Ort" zu Gast im „Don Bosco-Haus" in Düsseldorf. Herr Humburg ist der Leiter dieses Hauses. Ihm und einem Bewohner des Hauses wollen wir ein paar Fragen stellen. Herr Humburg, für wen steht dieses Haus denn offen?
Humburg: Wir nehmen ausschließlich Obdachlose auf, die das Leben auf der Straße beenden wollen. Das ist ganz entscheidend, sonst hat das nämlich alles keinen Sinn.
S: Wie viele Personen betreuen Sie? Und wie sieht diese Betreuung aus?
H: Wir haben im Moment eine Wohngemeinschaft von fünf Frauen und 72 Plätze in Ein- und Zweibettzimmern. Montags bis freitags von 7 bis 21 Uhr sind Sozialarbeiter im Haus, mit denen die Bewohner reden können. Außerhalb dieser Zeit gibt es einen Bereitschaftsdienst, Tag und Nacht. Dann gibt es einige Gemeinschaftsräume: ein Café, eine Bücherei, eine Werkstatt und einen Tischtennisraum, in denen man sich zum Spielen, Reden oder Arbeiten treffen kann. Ein paar Hausbewohner bauen gerade eine Fußballmannschaft auf.
S: Herr Humburg, können Sie uns etwas über die Bewohner sagen? Wie sind sie obdachlos geworden? Wie alt sind sie? Haben sie einen Beruf? Familie?
H: Also unsere Bewohner sind zwischen 20 und 75 Jahre. Und die Gründe, warum jemand obdachlos wird, sind sehr unterschiedlich. Oft fängt alles mit einem privaten Schicksalsschlag an, mit dem Tod des Partners, mit dem plötzlichen Ende einer langjährigen Partnerschaft oder mit dem Verlust der Arbeit zum Beispiel. Und dann kommt ganz oft Alkohol dazu. Ja, am besten fragen Sie doch mal Herrn Hansen.
S: Herr Hansen, wann sind Sie denn in diese Einrichtung gekommen?
HA: Vor einem Jahr.
S: Warum haben Sie auf der Straße gelebt?
HA: Na, das ging ganz schnell. Meine Frau und ich haben uns getrennt. Und ohne Frau und meine beiden Kinder, da hab ich irgendwie nichts mehr geregelt gekriegt.
S: Hatten Sie denn niemanden in der Verwandtschaft oder im Freundeskreis, der Ihnen geholfen hat?
HA: Ach, nee. Ich habe nicht viele Verwandte und die hatten was Besseres zu tun, als mir zu helfen. Ich wollte das auch nicht. Und Freunde verliert man ganz schnell, wenn man Hilfe braucht.
S: Hatten Sie Freunde auf der Straße?
HA: Nee, auch nicht. Man tut sich halt so zusammen. Das ist 'ne reine Zweckgemeinschaft. Aber richtige Freundschaften, nein, die können nicht auf der Straße entstehen.
S: Fühlen Sie sich wohl hier?
HA: Ja, sehr, denn die Atmosphäre ist gut und ich habe hier einen sehr guten Freund gefunden. Zu dem will ich auch später noch Kontakt haben.
S: Sind Sie mit der Hilfe hier zufrieden, und was wurde Ihnen für Hilfe angeboten?
HA: Ich habe viel Hilfe vom Team bekommen, besonders von meiner Sozialarbeiterin. Ich hab hier erst wieder zu mir gefunden.
S: Haben Sie im Moment einen Job?
HA: Nein, noch nicht, ich habe grade erst meine Lehre abgeschlossen.
S: Wie sieht Ihre Zukunft aus?
HA: Ich such mir einen Job, um mir dann eine Wohnung finanzieren zu können. Und dann hoff ich natürlich, bald wieder ein normales Leben führen zu können.
S: Vielen Dank für das Gespräch und alles Gute für Ihre Zukunft, Herr Hansen.
S: Herr Humburg, wir hätten da noch eine Frage an Sie. Wie ist denn das Wohnprojekt im Stadtviertel angenommen worden? Gab es da mal Probleme mit den Nachbarn?
H: Na ja, nicht richtig, niemand hat gern Probleme in seiner unmittelbaren Nachbarschaft. Und so gab es natürlich einige Ängste, bevor auch nur ein einziger Obdachloser hier eingezogen war. Einige glaubten, dass die Obdachlosen stehlen, dass sie für die Kinder ein schlechtes Vorbild sind, weil sie immer Alkohol auf der Straße trinken und so weiter. Aber das hat sich gebessert, als die Leute gemerkt haben, dass wir ganz ruhige, fast normale Nachbarn sind.
S: Herr Humburg, wir danken Ihnen für das Gespräch und wünschen Ihrem Projekt alles Gute.

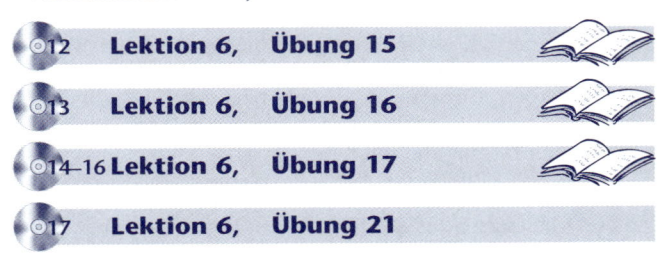

12 Lektion 6, Übung 15

13 Lektion 6, Übung 16

14–16 Lektion 6, Übung 17

17 Lektion 6, Übung 21

Ich halte das nicht mehr aus. Egal, wann und wo wir uns treffen, immer kommst du zu spät. Im Restaurant muss ich auf dich warten, zum Kino kommst du zu spät und jetzt auch noch zum Theater. Warum musst du denn immer bis zur letzten Minute im Büro bleiben?
  Entschuldige bitte. Statt immer zu spät zu kommen, sollte ich lieber früher mit der Arbeit aufhören.
Ja, genau, statt immer zu spät zu kommen, solltest du lieber früher mit der Arbeit aufhören. Aber es ist ja nicht nur deine Unpünktlichkeit! Heute musste ich noch bügeln und spülen, obwohl du mir vor einer Woche versprochen hattest, das alles zu machen. Aber du hast ja nur dein Skatspielen im Kopf.
  Entschuldige bitte. Statt des Skatabends sollte ich vielleicht besser meine Haushaltsarbeiten machen.
Ja genau, statt des Skatabends, solltest du besser deine Haushaltsarbeiten machen. Und nicht nur die Haushaltsarbeiten! Wie oft hast du mir schon versprochen, morgens den Hund Gassi zu führen. Und nie hast du Zeit dafür.
  Entschuldige bitte. Statt morgens so lange im Bett liegen zu bleiben, sollte ich vielleicht mal den Hund Gassi führen.
Ja, genau. Statt morgens so lange im Bett liegen zu bleiben, solltest du vielleicht mal den Hund Gassi führen. So viel zu deinen Versprechungen! Darf ich dich daran erinnern, dass du seit Wochen die Rechnung für die Autoreparatur bezahlen willst?
  Entschuldige bitte. Statt des Lottoscheins, sollte ich besser die Überweisung ausfüllen.
Ja, genau, statt des Lottoscheins, solltest du besser die Überweisung ausfüllen. Aber du ignorierst ja nicht nur die Rechnungen. Seit Wochen sind wir schon bei Willners eingeladen, und du hast immer noch nicht geantwortet. Die sind schon stocksauer.
  Entschuldige bitte. Statt die Post immer in die Schublade zu legen, sollte ich sie vielleicht mal lesen und beantworten.
Ja, genau, statt die Post immer in die Schublade zu legen, solltest du sie vielleicht mal lesen und beantworten. Und dann deine Vergesslichkeit! Seit Tagen erinnere ich dich schon daran, das Paket bei der Post abzuholen. Du weißt doch, dass meine Mutter immer auf eine schnelle Antwort wartet.
  Entschuldige bitte. Statt deine Mutter zu verärgern, sollte ich schnell das Paket abholen und ihr antworten.
Ja, genau, statt meine Mutter zu verärgern, solltest du schnell das Paket abholen und ihr antworten. Aber du vergisst ja nicht nur meine Mutter! Darf ich dich daran erinnern, dass wir vor einer Woche unseren Hochzeitstag hatten!

Entschuldige bitte. Statt der Geschäftstermine, sollte ich lieber unsere privaten Termine notieren.

Ja, genau, statt der Geschäftstermine, solltest du lieber unsere privaten Termine notieren. Schlimm genug, dass du nicht von alleine daran denkst! So viel zu deiner Vergesslichkeit. Und Zeit für mich hast du ja sowieso keine. Immer kommst du zu spät nach Hause, dauernd machst du Überstunden.

Entschuldige bitte. Statt Überstunden zu machen, sollte ich mit dir ausgehen.

Ja, genau, statt Überstunden zu machen, solltest du mit mir ausgehen, z.B. ins Kino. Im „Cinema" läuft „Szenen einer Ehe" – das sollten wir uns unbedingt mal ansehen.

18 Lektion 7,   Übung 6

Sie wollen sich zu zweit einen gemütlichen Fernsehabend machen. Ihrem Partner fallen dauernd noch Dinge ein, die erledigt werden müssen – aber Sie haben natürlich an alles gedacht.

Schatzi! Vergiss bitte nicht, die Haustür abzuschließen, bevor wir es uns hier gemütlich machen.

Aber Schatz! Die Haustür ist schon längst abgeschlossen.

Die ist schon abgeschlossen? Na, dann ist ja gut. Ich habe vielleicht einen Hunger! Wolltest du uns nicht ein paar Brote machen?

Aber Schatz! Die Brote sind schon längst gemacht.

Die Brote sind auch schon längst gemacht? Das ist ja toll! Dann sei doch so gut und mach noch schnell den Wein auf.

Aber Schatz! Der Wein ist schon längst aufgemacht.

Der ist schon aufgemacht? Na prima. Dann fehlen ja nur noch die Gläser. Bei der Gelegenheit könntest du eigentlich noch schnell die Spülmaschine ausräumen.

Aber Schatz! Die Spülmaschine ist schon längst ausgeräumt.

Die ist schon ausgeräumt? Sehr gut. Bist du so lieb und ziehst noch schnell die Vorhänge im Wohnzimmer zu? Ich mag es nicht, wenn die Nachbarn hier reingucken können.

Aber Schatz! Die Vorhänge sind schon längst zugezogen.

Die sind schon zugezogen? Oh, tut mir leid. Das hab ich gar nicht gesehen. Tja, dann musst du eigentlich nur noch den Videorekorder programmieren.

Aber Schatz! Der Videorekorder ist schon längst programmiert.

Der ist schon programmiert? Aha. Und was ist mit der Kassette? Wir dürfen diesmal nicht vergessen, die Videokassette einzulegen.

Aber Schatz! Die Videokassette ist schon längst eingelegt.

Die ist schon längst eingelegt? Ah ja ... Sag mal, wo ist denn die Fernsehzeitschrift? Übrigens: wir dürfen nicht vergessen, das Abo für die Fernsehzeitschrift zu verlängern!

Aber Schatz! Das Abo ist schon längst verlängert.

Das ist schon verlängert? Du denkst ja wirklich an alles. Ach, bevor ich's vergesse: Ich muss unbedingt noch das Geschenk für Sylvia einpacken. Die hat doch morgen Geburtstag.

Aber Schatz! Das Geschenk ist schon längst eingepackt.

Das ist schon eingepackt? Na wunderbar. Du kannst das sowieso viel besser als ich. Ach herrje, da fällt mir ein: Wir haben ja ganz vergessen, die Rechnung für die Rundfunkgebühren zu bezahlen.

Aber Schatz! Die Rechnung ist schon längst bezahlt.

Die ist schon bezahlt? Was würde ich bloß ohne dich tun? Du denkst aber auch wirklich an alles! Tja, dann wollen wir es uns mal gemütlich machen. Ach, die Wäsche ... ich muss ja noch die Wäsche aufhängen.

Aber Schatz! Die Wäsche ist schon längst aufgehängt.

Die Wäsche ist schon längst aufgehängt? Du bist wirklich ein Schatz! ... Ach, du meine Güte! Es ist ja schon halb neun. Der Film läuft ja schon seit einer Viertelstunde! Wieso hast du denn den Fernseher nicht eingeschaltet?

Aber Schatz! Der Fernseher ist schon längst eingeschaltet.

Der ist schon eingeschaltet? Ach so ... Ja, stimmt! Tut mir leid. Ich wollte dir mit meinem Geschwätz nicht den Abend versauen ...

19 Lektion 7,   Übung 23 (und 24)

Moderator: Wer kann heute von sich behaupten, noch nichts vom Internet gehört zu haben? Sicher niemand. Es sei denn, dieser Mensch hätte die letzten zehn Jahre auf einer einsamen Insel verbracht, ohne Zeitung, ohne Radio und ohne Fernseher. Das weltweite Internet-Fieber greift immer mehr um sich. Uns hat interessiert: Wie sieht es mit der älteren Generation aus? Nachdem unsere Redakteurin Angela Krämer von ihrer Oma gehört hatte, dass es in Berlin einen Seniorentreff gibt, der Computer- und Internetkurse anbietet, hat sie sich dort mal umgehört.

Sprecherin: Zu ihrem 73. Geburtstag bekam Isabel Fehsenfeld ein großes Paket. Es war das Geburtstagsgeschenk ihrer drei Söhne. Bevor sie das Paket öffnen durfte, musste sie erst einmal raten, was es sein könnte.

Isabel Fehsenfeld: Ich hatte wirklich absolut keine Ahnung. Als ich das große Paket sah, dachte ich, das könnte 'ne Nähmaschine sein ... oder 'ne neue Schreibmaschine. Und was war drin? Ein PC!

Na ja, anfangs wusste ich wirklich nicht, ob ich mich freuen oder ob ich das Ding gleich wieder zurückgeben sollte. Ein großer Zettel klebte dran: Du kannst alles anfassen, du kannst nichts kaputt machen. Damit wollten sie mir wohl Mut machen ...

Sprecherin: Das ist jetzt fünf Jahre her. Inzwischen hat Isabels Computer einen festen Platz im Schlafzimmer bekommen. Sie erledigt ihre gesamte Korrespondenz mit dem PC, und abends spielt sie noch ein paar Runden Solitaire oder Backgammon, bevor sie ins Bett geht. Probleme mit dem Computer hat sie keine.

Isabel Fehsenfeld: Seit ich das Ding zum ersten Mal angestellt habe, bin ich davon fasziniert. Ich bin neugierig und will immer alles verstehen. Auch bei der Technik. Oft probiere ich stundenlang, bis etwas richtig funktioniert. Wichtig ist nur, dass man Geduld hat – und keine Hemmungen.

Sprecherin: Während Isabel Fehsenfeld stolz auf ihre Computerkenntnisse ist und viel Spaß daran hat, für sich alleine neue Dinge auszuprobieren, sieht die fünfundfünfzigjährige Ingeborg Dietsche im Computer vor allem eine Kontaktmöglichkeit zu anderen Menschen.

Ingeborg Dietsche: Muss der deutsche Surfer denn männlich sein, ein hohes Einkommen und Bildungsniveau haben? Ich finde, das Internet ist gerade für ältere Frauen ein wichtiges Medium. Seit ich einen Internetanschluss habe, entdecke ich jeden Tag aufs Neue, was für tolle Möglichkeiten das Internet bietet. Außerdem überwindet es alle Altersgrenzen. Ich hatte da mal ein ganz amüsantes Erlebnis. Das war mit einem jungen Studenten. Wir hatten uns ein paar Mal gemailt, weil ich einige technische Fragen hatte. Und so kamen wir ins Gespräch. Der hat mir mein Alter nicht geglaubt, bis ich ihm ein Foto von mir geschickt habe. Der konnte sich absolut nicht vorstellen, dass sich eine Oma im Internet tummeln könnte.

Wissen Sie, übers Internet kann man wirklich ganz leicht Kontakte knüpfen – ohne dass das Alter ein Hindernis wäre. Während wir hier reden, habe ich wahrscheinlich schon wieder ein paar Mails im Briefkasten. Ich hab jetzt sogar meine eigene Homepage gestaltet. Damit möchte ich zeigen, dass Frauen so etwas auch können, um ihre Lebensgeschichte darzustellen. Denn Hausfrauen werden im Internet oft diffamiert, und das will ich ändern. Und außerdem möchte ich andere zum Mitmachen animieren.

Sprecherin: Die neunundfünfzigjährige Rosmarie Ottolinger

äußert sich ähnlich positiv. Seit sie keine Arbeit mehr hat, ist der Computer ihr Hobby.
Rosmarie Ottolinger: Ich sammle WWW-Adressen aus der Zeitung und probiere die dann aus. Wenn es billiger wäre, würde ich öfter im Internet surfen, aber ich sitze täglich mindestens einmal dran, z. B. mittags, während ich darauf warte, dass die Kartoffeln gar werden. Da kann ich dann in Zeitschriften blättern, durchs Kaufhaus bummeln oder mir sogar ein Kochrezept holen.
Sprecherin: Rosmarie Ottolinger schätzt am Computer auch den unkomplizierten Umgangston.
Rosmarie Ottolinger: Bevor ich regelmäßig ins Internet ging, war ich immer sehr förmlich mit neuen Bekannten. Aber im Internet spricht man sich gleich mit „du" an und unterhält sich – auch wenn man sich nicht kennt. Das gefällt mir. In dem „Chatroom", in den ich immer gehe, plaudern ältere Leute miteinander. Dadurch hab ich eine Frau aus Franken kennengelernt, die mit mir zusammen bis 1946 die gleiche Schule besucht hat. Da konnten wir uns über Erfahrungen mit alten Lehrern austauschen. Seitdem schreiben wir uns regelmäßig Mails.
Sprecherin: Seit einigen Jahren gibt es in vielen deutschen Städten Seniorentreffs, um älteren Interessierten einen Computerzugang zu ermöglichen und ihnen das Computerhandwerk beizubringen. Im Senioren-Computertreff in der Berliner Ansbacher Str. 5 treffen sich Senioren, um Computerkurse zu besuchen und erste Bekanntschaften mit dem Gerät zu schließen. Manch eine, die sich hier für den Anfängerkurs anmeldet, ist über achtzig Jahre alt. Auch Isabel Fehsenfeld hat im Computertreff „Senioren ans Netz" einen Einführungskurs besucht.
Isabel Fehsenfeld: Das war toll. Während dieser Zeit habe ich viel Gleichgesinnte und Gleichaltrige kennengelernt. Und zu Hause sitze ich auch nicht immer allein an meinem PC. Den teile ich oft mit meiner sechsjährigen Enkelin. Wenn die zu Besuch ist, geht sie gern an Omis Computer. Dann spielen wir z. B. Memory – ein Spiel, in dem die Kleinen einfach immer viel besser sind.

◎20 Lektion 7, Übung 30

■ Sag mal, hast du gestern „Lindenstraße" gesehen?
● Nee, ich hab keine Lust, ständig vor der Glotze zu sitzen. Ich lese lieber so einen richtigen Schmöker. Außerdem haben meine Eltern den Kasten vor ein paar Wochen abgeschafft.
■ Echt? Na dann … Du bist eigentlich schon immer eine Leseratte gewesen. Immer noch besser als Steffen. Den hatte ich gestern Abend nach X Versuchen endlich mal wieder an der Strippe. Wir sehen uns ja kaum noch. Er sitzt nur noch zu Hause rum. Seit Neuestem ist er zum Computerfreak geworden, und das nervt mich total.
● Das kann ich verstehen. Aber ich glaube, bei dem musst du's echt auf die nette Tour versuchen. Sonst erreichst du gar nichts.
■ Ja, wahrscheinlich hast du Recht …

◎21 Lektion 7, Übung 31
◎22 Lektion 7, Übung 33
◎23 Zertifikat Deutsch Modelltest Hören Teil 1

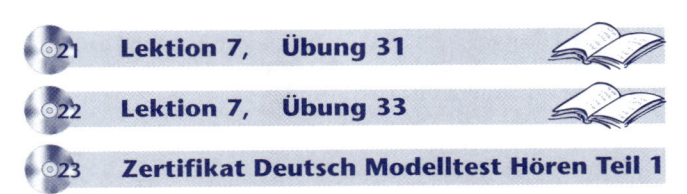

Moderatorin: Guten Abend meine Damen und Herren, wir haben heute in unser Studio Mütter und ihre fast erwachsenen Kinder im Alter von 16 bis 22 eingeladen. Wir alle kennen die Debatten: Wann darf soll muss eine Frau wieder berufstätig sein. Soll sie lieber ganz zu Hause bleiben? Also kurz gesagt: Wie viel Job verträgt mein Kind?
Hören Sie zunächst die Meinungen der jungen Leute zu diesem Thema.

41
Nein, für mich war es immer das Normalste der Welt, dass meine Mutter arbeitet. Außerdem war sie mittags immer da und hat gekocht und gefragt, wie es in der Schule war. Meine Mutter hat ihr Büro ja im Haus. Nachmittags war es manchmal schwierig, wenn ich zum Sport oder zu einem Freund wollte, weil wir auf dem Land wohnen, da wäre es schöner gewesen, wenn meine Mutter mich mit dem Auto hätte fahren können. Im Notfall durfte ich sie natürlich in ihrem Büro stören.
Einmal bin ich hingefallen und habe mir den Arm gebrochen, da hat sie alles liegen und stehen lassen und ist mit mir zum Arzt gefahren.

42
Ich bin, ehrlich gesagt, ziemlich stolz auf meine Mama. Sie hat immer gearbeitet und doch alles gut hingekriegt. Früher hat eine Freundin meiner Mutter für mich und einige Freunde gekocht. Das war immer super – den ganzen Nachmittag mit Freunden spielen. Mit 15 war damit Schluss. Dann war ich schon manchmal neidisch auf andere, die mittags nicht ihr Essen selber machen mussten. Aber dafür war auch niemand da, der mich die ganze Zeit mit den Hausaufgaben nervte! Und abends haben Mama und ich oft zusammengesessen, geklönt oder ferngesehen - das war klasse. Ich hatte nie das Gefühl, dass mir was fehlt.

43
Mich hat es nie gestört, dass meine Mutter gearbeitet hat. Dabei waren in unserem Stadtviertel viele Mütter nicht berufstätig, brachten die Kinder zur Schule, holten sie ab – ich fand es immer toll, allein nach Hause gehen zu dürfen. Meistens war meine Mutter mittags da. Wenn sie mal eine halbe Stunde länger arbeiten musste, habe ich mich gefreut. Denn dann konnte ich heimlich fernsehen und schon mal das Nudelwasser aufsetzen – Nudeln gab es meiner Meinung nach bei uns nämlich viel zu selten. Egal, wann meine Mutter kam, wichtig war mir, dass sie dann zuhörte. Und zwar lange. Ich bin nämlich eine, die alles erzählen muss. Für mich steht fest: Wenn ich mal Kinder bekomme, werde ich auf jeden Fall auch arbeiten.

44
Ehrlich gesagt, genieße ich es richtig, wenn meine Mutter auch mal nachmittags arbeitet. Dann bin ich nämlich komplett für mich selbst verantwortlich und kriege die meisten Sachen viel besser geregelt, als wenn sie mir immer erzählt, was ich noch zu tun habe. Früher war ich an solchen Tagen bei einer Tagesmutter. Da gab es Nutella – das war klasse!

45
Die Umstellung war schon groß, als meine Mutter wieder anfing zu arbeiten. Seitdem muss ich mittags was auf den Tisch bringen – am Anfang gab es nur Cornflakes und Pizza. Außerdem hatte ich plötzlich die Chefrolle als Ältester von uns dreien. Daran musste ich mich erst mal gewöhnen – und meine beiden Geschwister auch, die Kleinste war damals gerade acht. Aber das hat sich ganz gut eingespielt. Ehrlich gesagt, ist es zwar etwas unbequemer, seit meine Mutter wieder arbeitet, aber die Kontrolle entfällt natürlich auch. Und ich werde selbstständiger. Ich weiß jetzt, wie man reagieren muss, wenn zum Beispiel jemand mit einem Paket vor der Tür steht. Früher hätte ich sofort nach meiner Mutter gerufen. Wenn man so allein klarkommt, gibt einem das auch was für die Schule. Ich fühle mich einfach unabhängiger.

Zertifikat Deutsch Modelltest Hören Teil 2

Moderatorin: Guten Morgen, liebe Zuhörerinnen und Zuhörer, ich begrüße Sie herzlich zu unserer Sendereihe „Familiensache". Heute haben wir Frau Grünwald in unser Studio eingeladen, sie arbeitet als Tagesmutter. Guten Morgen Frau Grünwald.
Grünwald: Guten Morgen!
Moderatorin: Wenn Sie Fragen zu unserem heutigen Thema „Tagesmütter" haben, dann rufen Sie uns an unter der 02 71 41 23 41. Frau Grünwald beantwortet Ihr Fragen von 13 bis 14 Uhr.
Wie lange arbeiten Sie schon als Tagesmutter und wie wird man überhaupt Tagesmutter oder Tagesvater?
Grünwald: Ich arbeite jetzt seit sieben Jahre als Tagesmutter. Bei mir hat sich das daraus ergeben, dass ich selbst Kinder bekommen habe und weiter arbeiten wollte. Ich habe damals eine Tagesmutter für meine Kinder gesucht, weil ich wieder in meinen alten Beruf als Bürokauffrau zurück wollte. Da sagte eines Abends mein Mann zu mir, ich könnte doch selbst als Tagesmutter arbeiten. Die Idee fand ich erst mal komisch, aber dann habe ich darüber nachgedacht und mich darüber ganz genau informiert und schließlich habe ich mich dafür entschieden.
Moderatorin: Haben Sie denn eine Ausbildung als Tagesmutter gemacht?
Grünwald: Nein, es gibt keine Berufsausbildung. Im Prinzip kann jeder Tagesmutter oder Tagesvater werden. Man braucht starke Nerven, Ausdauer und man sollte natürlich gern mit Kindern umgehen.
Moderatorin: Wie haben Sie sich denn auf die Arbeit vorbereitet?
Grünwald: Ich habe mich bei der Caritas informiert und die haben mir einen Schulungskurs an der Volkshochschule empfohlen. Den habe ich gemacht, und zusätzlich habe ich noch einen „Erste-Hilfe-Kurs" besucht, der den Schwerpunkt „Erste Hilfe für Kinder" hatte. Das war mir wichtig, denn Kinder können sich schnell mal verletzen und ich möchte im Ernstfall schnell und vor allem richtig reagieren.
Moderatorin: Wie viele Kinder betreuen Sie denn im Augenblick?
Grünwald: Drei Kinder. Das Älteste ist fünf, die anderen sind zweieinhalb Jahre.
Moderatorin: Gibt es da eine maximale Obergrenze, wie viele Kinder Sie betreuen können?
Grünwald: Also für mich persönlich sind drei Kinder genug. Mehr möchte ich nicht betreuen. Dazu kommt, dass man ab dem vierten Kind eine Erlaubnis vom Jugendamt braucht. Das ist kein Problem, weil das Jugendamt nur sehen will, ob man die Voraussetzungen zur Kinderbetreuung erfüllt.
Moderatorin: Welche Probleme gibt es denn in Ihrem Alltag?
Grünwald: Na ja, außer den kleinen Streitereien der Kinder untereinander, gibt es manchmal größere Probleme mit den Eltern. Auf der einen Seite gibt es Probleme mit unterschiedlichen Erziehungsvorstellungen. Wenn Eltern dauernd mit mir diskutieren wollen, und meinen, ich erziehe ihre Kinder nicht richtig, dann hilft oft nur, dass man das Kind nicht mehr betreut. Das kommt aber sehr selten vor, mit den meisten Eltern verstehe ich mich sehr gut und sie sind mit meinem Erziehungsstil einverstanden.
Auf der anderen Seite gibt es Probleme z.B. mit den Betreuungszeiten.
Moderatorin: Können Sie uns das näher erklären bitte?
Grünwald: Ja, manche Eltern meinen, man ist immer verfügbar, kann die Kinder jederzeit nehmen, auch außerhalb der vereinbarten Zeiten, weil man ja zu Hause arbeitet. Das geht natürlich nicht.
Moderatorin: Und wie kann man sich davor schützen?
Grünwald: Auf jeden Fall muss man in dem Vertrag die genauen Betreuungszeiten angeben und daran haben sich die Eltern zu halten.
Moderatorin: Wie sieht so ein Vertrag aus?
Grünwald: Es gibt im Internet unter Tagesmutter.de einen Vertrag zum Runterladen. Der ist kostenlos und den sollte wirklich jeder benutzen. Unter der Adresse gibt es auch weitere Informationen zu rechtlichen Problemen, Tipps und Adressen.
Moderatorin: Vielen Dank erst mal Frau Grünwald. Wenn Sie Fragen haben rufen Sie uns an unter der 02 71 41 23 41. Nach dieser Musik beantwortet Frau Grünwald alle Ihre Fragen.

Zertifikat Deutsch Modelltest Hören Teil 3

56
Hallo Melanie, hier ist Max. Du, ich hab' leider keine Karten mehr für das Konzert am Dienstag bekommen. Könntest du auch am Freitag? Ich habe einfach mal zwei Karten für uns reservieren lassen. Sag' mir bitte bald Bescheid. Ich würde mich freuen, wenn es klappt. Bis bald. Tschüs.

57
Achtung, ein Hinweis für unsere Autofahrer: In der Kölner Straße ist ein Auto in Brand geraten. Die Feuerwehr hat die Kölner Straße in beide Richtungen weiträumig gesperrt. Die Lösch- und Aufräumarbeiten werden vermutlich noch zwei bis drei Stunden dauern. Die Umleitung ist noch nicht ausgeschildert. Bitte meiden Sie in den nächsten Stunden die Kölner Straße.

58
Sprödes Haar? Abgebrochene Fingernägel? Blasse, graue Haut? Das können Sie ändern! Nehmen Sie dreimal täglich Basican-Pulver.
Einfach einen Esslöffel in ein Glas Wasser oder Saft einrühren, fertig.
Dann strahlen auch Sie wieder Gesundheit und Schönheit aus.
Zu Risiken und Nebenwirkungen fragen Sie Ihren Arzt oder Apotheker.

59
Guten Tag! Hier ist das Papageno-Theater im Palmengarten. Sie rufen leider außerhalb unserer Öffnungszeiten an. Sie erreichen uns telefonisch täglich von 15 bis 20 Uhr.
Karten erhalten Sie auch an allen bekannten Vorverkaufsstellen. Wir danken Ihnen für Ihren Anruf. Auf Wiederhören.

60
Liebe Kundinnen und Kunden! Einkaufen und sich danach verschönern lassen. Das alles unter einem Dach bei uns! Wir möchten sie darauf aufmerksam machen, dass unser Friseursalon im sechsten Stock heute ein ganz besonderes Angebot hat: Waschen und Schneiden für nur 30 Euro. Möchten Sie eine neue Frisur für wenig Geld? Dann nichts wie hin zu unserem Friseursalon Karin im sechsten Stock. Das Angebot gilt nur heute und nur noch bis 18 Uhr!

Kopiervorlage 5/2

Überlegen Sie sich ähnliche Situationen wie im Beispiel und machen Sie sich dazu Notizen in der Tabelle.

Rolf und Erika sind seit 23 Jahren verheiratet und haben zwei Töchter (18 und 21). Erika (45) hat sich in ihren 30-jährigen Kollegen verliebt und möchte mit ihm zusammen leben. Für Rolf hat sie nur noch freundschaftliche Gefühle. Er aber liebt seine Frau und versucht alles, um die Ehe zu retten. Die Eheberatung besucht Erika nur Rolf zuliebe. Heute ist der erste Termin.

	Mann		Frau		Familien-stand	Kinder?	wie lange zusammen?	Konflikt
	Name	Alter	Name	Alter				
1								
2								
3								

Spielen Sie zu dritt die Szenen. Eine/r ist der Eheberater/die Eheberaterin, die anderen wählen entweder die Rolle des Mannes oder der Frau.

darauf.	Sie hat Mut
dazu.	Sie ist überzeugt
davon.	Wir lachen
darüber.	Du entschuldigst dich
dafür.	Wir sind zufrieden
damit.	Ich erkundige mich
danach.	Er denkt
daran.	Er kümmert sich
darum.	Ihr habt Angst
davor.	Du protestierst
dagegen.	Sie warten

Kopiervorlage 5/3

Ort: _____ Datum: _____

Tester/Testerin: _____

Kategorien	☺	😐	☹	**Bemerkungen**
Öffnungszeiten		X		Mo – Fr: 9 bis 20 Uhr Sa: 9 bis 16 Uhr

Kopiervorlage 5/4

Ich hab' dich davor gewarnt,	*weiter wie bisher zu leben.*
Ich hab' dich darum gebeten,	*uns mehr von deiner Zeit zu geben.*
Die Kinder fragen schon,	*ob es dich überhaupt noch gibt.*
und ich frag' mich, ob ihr Papa	*mich überhaupt noch liebt.*

Mir reicht's!	*Das mach' ich nicht mehr mit!*
Mir reicht's!	*Das machst du nicht mit mir!*
Mir reicht's!	*Wenn das nicht anders wird, dann gehn wir/ geh ich weg von hier!*

Ich hab' keine Lust dazu,	*mir ständig deine Klagen anzuhören.*
Und hör' auf damit,	*mich auch noch im Büro damit zu stören!*
Ich muss mich darauf konzentrieren,	*einen guten Job zu machen!*
Ich hab' einfach keine Zeit	*für deine Herz-Schmerz-Jammer-Quengel-Sachen!*

Mir reicht's!	*Ich halt' das nicht mehr aus!*
Mir reicht's!	*Du bist gemein zu mir!*
Mir reicht's!	*Es dauert nicht mehr lang, dann gehn wir/ geh ich weg von hier!*

Immer muss ich für uns planen,	*nie machst du den ersten Schritt!*
Die Schnapsidee mit dem Partnerschaftstraining?	*So ein'n Quatsch mach ich nicht mit!*
Statt mit mir zu reden,	*liest du Zeitung oder machst die Glotze an ...*
... weil du immer „diskutieren" willst	*und man mit dir normal doch nicht reden kann.*

Mir reicht's!	*Ich hab' die Nase voll!*
Mir reicht's!	*Ich hab' genug von dir!*
Mir reicht's!	*Und zwar ein für alle Mal: Jetzt gehn wir/ geh ich weg von hier!*

SCHREIBWERKSTATT

Stellen Sie sich folgende Situation vor und schreiben Sie einen Dialog.

Herr Konrad trägt meistens einen Cowboy-Hut, Westernstiefel und hört immer laute Country-Musik, sogar im Büro. Nicht jeder ist begeistert. Folgende Personen unterhalten sich über Herrn Konrad.

- Die Kollegin Frau Häuser, die mit Herrn Konrad in einem Büro sitzt, spricht mit dem Chef.
- Eine Nachbarin von Herrn Konrad und der Hausmeister unterhalten sich.
- Eine Kollegin, die in Herrn Konrad verliebt ist, spricht mit ihrer Freundin.
- Ein Kollege unterhält sich mit der Frau von Herrn Konrad.
- Der Sohn von Herrn Konrad und sein Freund unterhalten sich.
- ???

a) **Planen**
   - Wählen Sie eine Situation oder denken Sie sich eine neue aus.
   - Machen Sie Notizen zum möglichen Verlauf des Dialogs.

b) **Formulieren**
   - Schreiben Sie den Dialog (allein oder in Partnerarbeit), ohne darin die Namen der Personen zu nennen.
   - Beachten Sie, wer miteinander spricht: Sagen die Personen „Sie" oder „du"? Sind sie ärgerlich, höflich etc.?
   - Benutzen Sie auch Ausrufe wie „Ach!", „Oh!", „Hm", „Ach so!", „Klar!", „Was?!", „Toll!" usw. Dann wirkt der Dialog besonders lebhaft und echt. Meistens stehen diese Ausrufe am Anfang von Sätzen.

   Frau Häuser: *Entschuldigen Sie bitte, hätten Sie vielleicht einen Moment Zeit?*
   Herr Leitner: *Aber immer doch. Na, was gibt's denn?*
   Frau Häuser: *Ach, wissen Sie, es geht um Herrn Konrad.*
   Herr Leitner: …

c) **Überarbeiten**
   - Korrigieren Sie mögliche Rechtschreib- und Grammatikfehler (z. B. Großschreibung nach dem Doppelpunkt. Die Zeichen für die direkte Rede stehen im Deutschen am Anfang unten und am Ende oben: „Dialog").
   - Lesen Sie den Dialog mehrmals laut und überprüfen Sie: Hört er sich an wie gesprochene Sprache? Lesen Sie Ihren Dialog im Kurs laut vor, am besten zusammen mit einem Partner. Die anderen raten, um welche Personen es sich handelt.

d) **Erweitern**
   - Wer sagt was wie? Charakterisieren Sie die Aussagen der Personen, z. B.:
   „Entschuldigen Sie bitte, Herr Leitner", sagte Frau Häuser nervös zu ihrem Chef. „Hätten Sie vielleicht einen Moment Zeit?" „Aber immer doch, Frau Häuser," antwortete Herr Leitner und lächelte freundlich. „Na, was gibt's denn?" „Ach, wissen Sie, es geht um Herrn Konrad." usw.
   - Machen Sie aus dem ergänzten Dialog eine kleine Erzählung. Beschreiben Sie auch, was die Personen machen, und verbinden Sie die Sätze z. B. mit „als", „dann", „da", „und", „aber", „deshalb" usw.

   Leise klopfte Frau Häuser an die Bürotür von Herrn Leitner und öffnete sie. „Entschuldigen Sie bitte, Herr Leitner", sagte sie nervös, ohne ihren Chef dabei anzusehen, „Hätten Sie vielleicht einen Moment Zeit?"

20 Jahre Menschen für Menschen
Eine ungewöhnliche Wette verändert das Leben von Millionen Menschen in Äthiopien

Kaum zu glauben, aber wahr: Mit einer einfachen Wette[1] ist es dem bekannten Schauspieler Karlheinz Böhm gelungen, dem Leben von Millionen Äthiopiern wieder eine Zukunft zu geben.

In der beliebten ZDF-Sendung „Wetten, dass …?"[2] präsentierte Böhm seine ungewöhnliche Wette: „Ich wette, dass nicht jeder dritte Zuschauer aus Deutschland, Österreich und der Schweiz eine Mark, einen Franken oder sieben Schilling[3] für die vom Hungertod bedrohten Menschen in der Sahelzone geben wird." Wie er gehofft hatte, verlor er die Wette: Das Resultat war eine beispiellose Spendenaktion, bei der 1,8 Millionen Mark zusammen kamen.

Im Oktober flog Böhm als ehrenamtlicher Entwicklungshelfer[4] nach Äthiopien.

Das war der Beginn einer nun schon mehr als zwanzig Jahre dauernden humanitären Hilfsaktion. „Menschen für Menschen" unterstützt die Äthiopier dabei, ihr Land selbst zu entwickeln. Brunnen, Schulen, Kindergärten und Krankenhäuser sind entstanden und die Menschen können mit mehr Hoffnung in die Zukunft sehen.

Die Motivation für Karlheinz Böhms Arbeit ist seine Wut über die Ungerechtigkeit auf der Erde: „Es gibt eine Hoffnung auf Morgen. Die Hoffnung, dass eines Tages der Unterschied zwischen Arm und Reich in unserer gemeinsamen Welt nicht mehr so ist, dass wir uns dafür schämen[5] müssen. Lassen Sie uns gemeinsam für diese Hoffnung leben und etwas verändern als Menschen für Menschen".

---

[1] *Wette die, -n* eine Vereinbarung zwischen zwei oder mehr Personen. Eine Person behauptet etwas und wenn sich die Behauptung als falsch herausstellt, muss sie etwas zahlen oder etwas dafür tun

[2] *"Wetten, dass …":* eine Fernseh-Show im Zweiten Deutschen Fernsehen, in der es um „Wetten" geht

[3] Bis Januar 2002 hieß die Währung in Deutschland Mark (DM), in Österreich Schilling; die Währung in der Schweiz heißt Franken.

[4] *Entwicklungshelfer der, -:* jemand, der in Ländern der „Dritten Welt", die nur wenig Industrie haben und sehr arm sind, arbeitet

[5] *sich schämen für:* ein unangenehmes Gefühl haben, sehr verlegen sein, weil man etwas getan hat, was unmoralisch ist.

Sie haben diesen Artikel in der Zeitung gelesen und wollen jetzt Ihre Meinung dazu sagen. Schreiben Sie in Ihrem Leserbrief an die Zeitung etwas zu allen vier Punkten. Vergessen Sie nicht Datum und Anrede und schreiben Sie auch eine passende Einleitung und einen passenden Schluss.

- warum Sie schreiben
- wie Ihnen das Engagement von Karlheinz Böhm gefällt
- warum Sie es gut/schlecht finden
- wofür Sie sich persönlich gern engagieren würden

Lückentext

Ergänzen Sie, wo nötig, die Endung „(e)n(s)".

- Na, was gibt's Neues?
- Nichts. Oder doch! Erinnerst du dich an meinen Kollege_n_, diesen Franzose_n_? Ich weiß gar nicht, wie der heißt. Seinen Name____ kann ich mir nie merken. Ich glaube der Anfangsbuchstabe____ seines Name____ war „B", Brice vielleicht. Ist ja auch egal. Auf jeden Fall habe ich diesen Mensch____ am Wochenende auf einer Party bei einem Freund getroffen. Dieser Franzose____ wird von einigen auch der „Psychologe____" genannt, wusstest du das?
- Nein, wie kommen die denn darauf?
- Er hält sich für einen Experte_n_ in allen Fragen und spielt immer den Psychologe_n_. Er möchte immer jedem Mensch____ helfen.
- Ach so! So einen Experte____ kenne ich auch. Der Typ, der neben mir wohnt, ist auch so einer. Schrecklich! Der mischt sich auch immer gegen den Wille____ seiner Nachbar____ in deren Leben ein.
- Also, was ich dir von diesem Kollege____ erzählen wollte …

Schreiben Sie den Dialog weiter, indem Sie eine Geschichte über Brice erfinden. Verwenden Sie hierfür möglichst viele Nomen der n-Deklination.

Kopiervorlage 6/3

Name der/des Interviewten: _____

Was sie/er sucht: _____

Wann? ❏ Mo ❏ Di ❏ Mi ❏ Do ❏ Fr ❏ Sa ❏ So

Von wann bis wann? _____ Uhr bis _____ Uhr

Wie oft? ❏ 2 x pro Woche ❏ 1 x pro Woche ❏ 1 x im Monat
❏ _____

Wo? ❏ bei mir zu Hause ❏ im Café ❏ in der Schule
❏ _____

Was sie/er anbietet: _____

Wann? ❏ Mo ❏ Di ❏ Mi ❏ Do ❏ Fr ❏ Sa ❏ So

Von wann bis wann? _____ Uhr bis _____ Uhr

Wie oft? ❏ 2 x pro Woche ❏ 1 x pro Woche ❏ 1 x im Monat
❏ _____

Wo? ❏ bei mir zu Hause ❏ im Café ❏ in der Schule
❏ _____

Kopiervorlage 6/4

Start →	❓ →	Statt ..., bleibe ich lieber allein. →	Anstatt ..., sollte man auch mal an andere denken. ↓
Statt ..., sollte man Hilfsorganisationen finanziell unterstützen. ↓	❓ ←	❓ ←	Einige Menschen arbeiten lieber ehrenamtlich, anstatt ... ←
Statt ..., kaufe ich lieber im Bioladen. →	❓ →	❓ →	Man sollte bei einer Tauschbörse Mitglied werden, statt ... ↓
Anstatt ..., solltest du mal versuchen deine Probleme selber zu lösen. ↓	❓ →	Ich würde mein altes Fahrrad reparieren lassen, anstatt ... ←	Manchen Menschen ist es wichtiger viel Spaß zu haben, statt ... ←
❓ →	Anstatt ..., solltest du selbst mal was für die Umwelt tun. →	❓ →	Ich gehe lieber auf Partys, statt ... ↓
❓ ↓	Statt ..., machen viele lieber eine weite Reise in ferne Länder. ←	Einige Leute arbeiten lieber 12 Stunden täglich, anstatt ... ←	❓ ←
❓ →	Viele Menschen suchen ihr ganzes Leben nach dem Lebenssinn, statt ... →	Statt ..., haben wir ein Spiel zu „statt" gespielt. →	☺ Ziel ☺

SCHREIBWERKSTATT

Suchen Sie im Mülleimer nach einem Gegenstand (z. B. eine Getränkedose) und lassen Sie ihn erzählen.

a) Planen
- Was für Gegenstände findet man in einem Mülleimer? Sammeln Sie Ideen und wählen Sie einen Gegenstand aus, der eine interessante „Lebensgeschichte" haben könnte.
- Machen Sie sich Notizen zu folgenden Fragen:
  - Was denkt und fühlt dieser Gegenstand, wenn er sich an seine Vergangenheit erinnert, wenn er die traurige Gegenwart und die mögliche Zukunft betrachtet?
  - Wovor hat er Angst?
  - Was wünscht er sich?

b) Formulieren
- Stellen Sie sich vor, der Gegenstand spricht leise vor sich hin. Schreiben Sie eine Art „inneren Monolog" in der Ich-Form.
- Machen Sie kurze, einfache Sätze.
- Verbinden Sie die Sätze mit „als", „meistens", „manchmal", „deshalb", „aber", „jetzt" usw.
- Benutzen Sie Perfekt oder Präteritum, wenn der Gegenstand von seiner Vergangenheit erzählt. Benutzen Sie Präsens für die Gegenwart und Präsens oder Futur für die Zukunft.
- Versuchen Sie, den Gegenstand mit viel Gefühl sprechen zu lassen. Ist er z. B. traurig, wütend oder hoffnungsvoll?
- Geben Sie Ihrem Text einen Titel.

Jetzt liege ich schon seit mindestens zwei Tagen hier herum und niemand beachtet mich. Es ist schrecklich dunkel und mir tut alles weh. Ich bin doch noch gar nicht so alt. Soll das schon alles gewesen sein? Früher war ich eine wunderschöne, glänzende Dose und stand stolz im Supermarkt im Regal …

c) Überarbeiten
- Lesen Sie Ihren Text noch einmal oder mehrmals langsam durch und korrigieren Sie mögliche Rechtschreib- und Grammatikfehler (z. B. beim Tempusgebrauch).
- Versetzen Sie sich in die Rolle des Lesers und überprüfen Sie: Ist das, was Sie geschrieben haben, verständlich und klar formuliert? Hört es sich an wie gesprochene Sprache?

Variante
Schreiben Sie einen Dialog zwischen zwei Gegenständen in einem Mülleimer. Sie könnten sich z. B. solche Fragen stellen:
- Wie bist du hierher gekommen?
- Wovon träumst du?
- Was ist für dich der Sinn des Lebens?

Ist Fernsehen für Kinder schädlich?

Sammeln Sie Argumente, die zu Ihrer Rolle passen.

Herr Prof. Dr. Neumann
Kinderpsychologe

„Fernseh-Kinder fallen sehr oft in ihrer intellektuellen Entwicklung zurück."

Frau Prof. Dr. Hurrelmann
Professorin für Jugendliteratur und Medienforschung

„Der Fernsehkonsum bei Kindern ist ein wichtiger Indikator für familiäre Probleme."

Frau Oetken
Kindergärtnerin, hat selbst zwei Kinder

„Fernsehen fördert die sprachliche Entwicklung bei Kindern."

Herr Holler
Moderator einer Kindersendung

„Fernsehen fördert die kindliche Fantasie und Kreativität."

Frau Köhn
Mutter von vier Kindern

„Ich bin froh, wenn ich mal meine Ruhe habe."

Herr Reisig
Vorsitzender des Vereins „Programmberatung für Eltern e.V."

„Fernsehen ja, aber nur sinnvoll ausgewählte Situationen."

Kopiervorlage 7/2

Sie arbeiten beim Fernsehen und sind zuständig für die Vorbereitung einer neuen Talkshow. Der Moderator ist sehr nervös und er ruft Sie immer wieder an, um nach Dingen zu fragen, die noch erledigt werden müssen – aber natürlich haben Sie an alles gedacht!

Haben Sie daran gedacht, ...

1. ein neues Thema für die erste Sendung auszuwählen?
   Aber natürlich, *das Thema ist schon längst ausgewählt.*

2. Hintergrundinformationen zum Thema zu sammeln?
   Aber natürlich, _____

3. die Fragen an die Experten zu formulieren?
   Aber natürlich, _____

4. interessante Gäste einzuladen?
   Aber natürlich, _____

5. das Kamerateam zu benachrichtigen?
   Aber natürlich, _____

6. die Gäste zu schminken?
   Aber natürlich, _____

7. die Gäste mit Getränken zu versorgen?
   Aber natürlich, _____

8. die Kameras aufzustellen?
   Aber natürlich, _____

9. die Mikrofone zu verteilen und zu prüfen?
   Aber natürlich, _____

10. die Scheinwerfer anzuschalten?
    Aber natürlich, _____

Kopiervorlage 7/3

Warum leben die Personen ohne Fernseher?	Welche Auswirkungen hat das Leben ohne Fernseher auf die Personen und ihren Alltag?
• Störung des Familienlebens • Diskussionen mit den Kindern	• Kinder sind begeisterte Leseratten • viel vorlesen und Gesellschaftsspiele • leben im eigenen Rhythmus
• süchtig nach Fernsehen • schales Gefühl	• neue Lebensqualität, fühlt sich besser • Zeit zum Lesen, für Freunde, Gespräche und Theater
• Fernsehen hat den Tagesablauf bestimmt • fühlte sich fremdbestimmt	• konnte in Ruhe seine Diplomarbeit schreiben • vermisst nichts
• Diskussionen mit dem Sohn haben genervt • keine Kontrolle mehr über den Fernsehkonsum des Sohnes • sieht Fernsehen als Droge, will Kind davor schützen	• zuerst Proteste des Sohnes • intensiverer Kontakt mit dem Sohn
• wollte ausprobieren, wie das Leben ohne Fernseher ist	• Angst, allein abends zu Hause zu sein • nervös, kann sich nicht konzentrieren (Entzugserscheinungen) • Schreck über Abhängigkeit

Ostfriesen-Scherz

Ostfriesen wollen zur Förderung des Tourismus einen Strand ohne Wasser bauen. Was sich wie ein Scherz anhört, plant die Touristik-Gesellschaft Krummhörn-Greetsiel in Upleward tatsächlich. Denn bisherige Versuche, einen Strand am Wasser anzulegen, waren erfolglos, weil das Meer den Sand wieder fortspülte. So kamen die Ostfriesen auf die Idee, den wahrscheinlich ersten „Trockenstrand" der Welt hinter dem Deich zu bauen. Ostfriesland ist nicht von Sandstrand, sondern von Schlick umgeben. Deshalb versucht die Gesellschaft nun, die Touristen mit der Trockenstrand-Idee anzulocken.

Studie: Kaugummi steigert die Leistung

Erlangen (AP) – Wer oft Kaugummi kaut, fördert auf Dauer die eigene geistige Leistungsfähigkeit. Das erklärte der Intelligenzforscher Siegfried Lehrl von der Universität Erlangen. Durch das ständige Kauen werde das Gehirn kontinuierlich mit Sauerstoff versorgt und arbeite dadurch besser und effektiver. Anhand von Studien habe er feststellen können, dass Studenten bis zu 40 % mehr vom Vorlesungsstoff mitbekommen, wenn sie Kaugummi kauen. Auch in den Schulen könnte das Kaugummikauen nach Lehrls Worten das Lernen revolutionieren. In einem Brief an die bayerische Kultusministerin verwies Lehrl auf das schlau machende Kaugummikauen und riet, doch einmal ernsthaft über das Pflichtkaugummi im Unterricht nachzudenken. [...]

Mehr als 11 000 Euro durch Zugtoilette gespült

Hannover (AP) – Ein 36 Jahre alter Mann aus Koblenz hat am Wochenende im IC 622 in der Nähe von Lehrte versehentlich mehr als 11 000 Euro durch die Toilette ins Freie gespült. „Der aufgeregte Mann gab an, er wolle sich in Braunschweig ein Auto kaufen. Zur Sicherheit vor Taschendieben habe er das Geld in der Unterhose transportiert. Auf der Toilette habe er nicht mehr an das Geld gedacht und es sei durch die offene Toilettenklappe verschwunden", berichtete ein Polizei-Sprecher. Doch Polizisten fanden das Paket und erlösten den Mann.

Limokauf bringt britische Oma um Millionengewinn

Birmingham (AFP) – Ihre Großzügigkeit hat eine britische Großmutter um Millionen gebracht: Weil Maisie Rogers ihrem Enkel eine Limo kaufte, anstatt wie jede Woche ihre üblichen Lottozahlen zu spielen, entging ihr ein Gewinn von mehr als drei Millionen Mark. Vor Aufregung erlitt die 61-Jährige nach Medienberichten einen leichten Herzanfall. Sie tippt jede Woche die gleiche drei Zahlenreihen im Lotto. Vergangene Woche hatte sie ausnahmsweise die letzte Reihe gestrichen, weil sie ihrem achtjährigen Enkel Christopher eine Limo kaufte. Genau die aber gewann. „Ich hatte nur drei Pfund dabei, aber als er mich angelächelt hat, konnte ich nicht widerstehen."

Liebe auf die ersten hundert Millisekunden

Hamburg (AFP) – Eine Frau entscheidet in 100 Millisekunden über das Schicksal eines Mannes. Fällt er durch ihr Raster, würdigt sie ihn keines zweiten Blickes, berichtet das Magazin *Men's Health*. Entspricht der Kandidat ihren Ansprüchen, aktiviere sie zehn Millisekunden später ihr Lustzentrum im Gehirn, fand Kirsten Kruck vom Max-Planck-Institut für Verhaltensphysiologie heraus. Nach einer Minute könne der Mann ein paar Blicke wagen, nach einer weiteren Minute dürfe er das Gespräch eröffnen. Bis zur vierten Minute habe sie ihre endgültige Entscheidung getroffen. Fazit der Wissenschaftlerin: Imponiergehabe lässt Frauen kalt. Bevor sich ein Mann in Pose werfen kann, hat sie bereits entschieden.

Kopiervorlage 7/5

**Stellen Sie Ihrem Partner die folgenden Fragen und notieren Sie die Antworten.
Suchen Sie gemeinsam nach weiteren Fragen.**

- *Seit wann arbeiten Sie mit einem Computer?*

___

- *Wie haben Sie gearbeitet, bevor Sie sich einen Computer angeschafft haben?*

___

- *Was ist einfacher geworden, seit Sie einen Computer haben?*

___

- *Wie lange hat es gedauert, bis Sie mit Ihrem Computer richtig umgehen konnten?*

___

- *Wie lange können Sie am Computer arbeiten, bis Ihnen die Augen wehtun oder bis Sie Kopfschmerzen bekommen? Machen Sie Pausen, während Sie am Computer arbeiten?*

___

- *Sprechen Sie auch mal mit Ihren Kollegen, während Sie am Computer arbeiten?*

___

- *Ist Ihnen der Computer schon einmal abgestürzt, während Sie an einem wichtigen Dokument gearbeitet haben?*

___

- *Was sollte man Ihrer Meinung nach beachten, bevor man sich einen Computer kauft?*

___

- ___

SCHREIBWERKSTATT

Schreiben Sie eine Kritik über ein Buch oder einen Film.

a) Planen
- Wählen Sie ein Buch/einen Film aus, das/den Sie besonders interessant finden, z. B. Ihr/-en Lieblingsbuch/-film. Es/Er kann gut oder schlecht, ein Krimi oder ein Klassiker sein.
- Machen Sie sich Gedanken und Notizen zu folgenden Punkten:
  – Für wen schreibe ich die Kritik? Was könnte meine Leser interessieren?
  – Welche Informationen sind wirklich wichtig?
  – Wie kann ich meine Leser neugierig machen auf das Buch / den Film?
  – Warum habe ich dieses Buch / diesen Film ausgewählt?
  – Will ich auch erzählen, wie die Geschichte ausgeht?

b) Formulieren
- Sammeln Sie Adjektive und Partizipien, die dieses Buch/diesen Film oder Personen, die darin vorkommen, gut beschreiben, z. B.: lustig, spannend, langweilig, faszinierend, anstrengend, beeindruckend ...
- Sammeln Sie Formulierungen, die für die Zusammenfassung des Inhalts wichtig sind, z. B.:

Dieses Buch
Diese Geschichte
Dieser Text
Dieser Film

handelt von ...
beginnt mit ...
erzählt von ...
spielt ...
beschreibt ...

Es handelt sich um ...
Es geht um ...
Zunächst ... / Zuerst ... / Dann ... / Schließlich ... / Am Ende ...
Die Hauptpersonen/-figuren/-darsteller sind ...

- Schreiben Sie dann mit Hilfe Ihrer Notizen eine Buchkritik oder eine Filmkritik. Die Vorlagen unten helfen Ihnen dabei.
- Machen Sie kurze, einfache Sätze.

c) Überarbeiten
- Lesen Sie Ihren Text noch einmal langsam durch und korrigieren Sie Rechtschreib- und Grammatikfehler.
- Versetzen Sie sich in die Rolle des Lesers und überprüfen Sie: Ist das, was Sie geschrieben haben, verständlich und klar formuliert?

Buchkritik

Titel:	Erscheinungsort/-jahr:
Autor/in:	Seitenzahl:
Verlag:	Preis:
Genre: [ ] Roman [ ] Krimi [ ] Sachbuch [ ] Biografie [ ]	
Sprache: [ ] leicht [ ] gerade richtig [ ] schwer	

Inhaltsangabe:
_____

Die Figuren:	Warum ich dieses Buch gewählt habe:
Was mir am besten gefiel:	Was mir nicht gefiel:

Schlussbeurteilung
[ ] sehr empfehlenswert
[ ] empfehlenswert
[ ] annehmbar
[ ] nicht zu empfehlen

Name des Kritikers/der Kritikerin:

Filmkritik

Titel:	
Regisseur:	Land und Jahr:
[ ] Fernsehen [ ] Kino	Hauptdarsteller:
Genre: [ ] Spielfilm [ ] Krimi	für [ ] Kinder [ ] Jugendliche [ ] Erwachsene
[ ] Actionfilm [ ] Sciencefiction	[ ] Dokumentation [ ] Komödie [ ] Western
Sprache: [ ] leicht [ ] gerade richtig [ ] schwer	

Handlung:
_____

Die Hauptdarsteller:	Warum ich diesen Film gewählt habe:
Was mir am besten gefiel:	Was mir nicht gefiel:

Schlussbeurteilung
[ ] sehr empfehlenswert
[ ] empfehlenswert
[ ] annehmbar
[ ] nicht zu empfehlen

Name des Kritikers/der Kritikerin:

Kopiervorlage 8/1

1 Welche Nomen passen zu „Hochzeit", welche zu „Heirat"? Verbinden Sie und schreiben Sie.

Hochzeits- / Heirats-

- Alter
- Antrag
- Feier
- Geschenk
- Kleid
- Markt
- Nacht
- Paar
- Reise
- Schwindler
- Tag
- Urkunde
- Vermittlung/Vermittler

Heiratsalter
_____
_____
_____
_____
_____
_____
_____
_____
_____
_____
_____
_____

2 Ergänzen Sie die Komposita aus Übung 1.

1. _____ : Braut und Bräutigam
2. _____ : Wenn man keinen Partner findet, kann man dorthin gehen.
3. _____ : Die erste gemeinsame Nacht
4. _____ : Das Papier bekommt man auf dem Standesamt.
5. _____ : Der Urlaub danach
6. _____ : Jemand fragt: Willst du mich heiraten?
7. _____ : Das trägt eine Frau, wenn sie heiratet.
8. _____ : Alle Gäste bringen etwas mit.
9. _____ : Jedes Jahr denkt man „daran" und feiert „ihn".
10. _____ : Nach dem Standesamt beginnt „sie".
11. _____ : Er will nicht heiraten, sondern nur das Geld.
12. _____ : Den bilden alle, die heiraten wollen.

„Vorschläge – Gegenvorschläge"

- etwas vorschlagen
- fragen, wie Ihre Partnerin/Ihr Partner den Vorschlag findet
- einen Vorschlag annehmen
- einen Vorschlag ablehnen
- einen Gegenvorschlag machen

Wie wäre es, wenn …?	Sind Sie / Bist du einverstanden?
Was halten Sie davon, wenn …?	Was meinen Sie / meinst du dazu?
Ich schlage vor, wir …	Haben Sie / Hast du eine bessere Idee?
Wir könnten z. B.	Ich weiß nicht, das ist keine besonders gute Idee.
Ja, ist gut.	Das sehe ich anders.
Damit bin ich einverstanden.	Das finde ich nicht so gut.
Ja, vielleicht. Das wäre nicht schlecht.	Da bin ich anderer Meinung.
Gute Idee!	Ich denke, es ist sinnvoller, wenn …
Wie finden Sie den Vorschlag?	Wäre es nicht besser, wenn …
Wie findest du das?	Vielleicht sollten wir lieber …

Kopiervorlage 8/3

„Berufe"

Welche Berufe sind hier dargestellt?

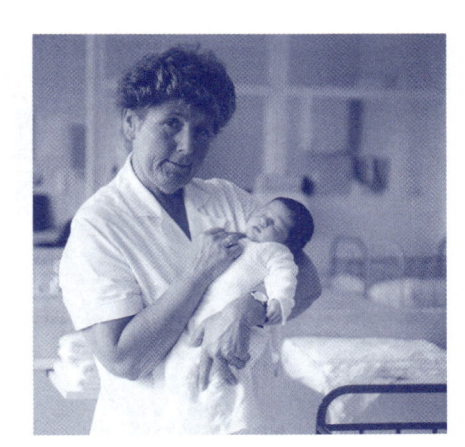

| Hebamme ◆ Baggerfahrer(in) ◆ Boxer(in) ◆ Krankenschwester/Krankenpfleger ◆ Fußballspieler(in) ◆ Kindergärtner(in) ◆ Koch/Köchin ◆ Rennfahrer(in) |

Kopiervorlage 8/3: Baggerführer: © panthermedia.net/romy 1956; Boxer: © mauritius images/Arthur; Hebamme: © irisblende.de; Kindergärtner: © Corbis/Grace; Koch: © MEV/MHV; Rennfahrer: © panthermedia.net/kk; Krankenschwester: © Superstock/MHV; Fußballspielerin: © picture-alliance/dpa/dpa web

Kopiervorlage 8/4a

Statistik 1: Top Ten der Ausbildungsberufe

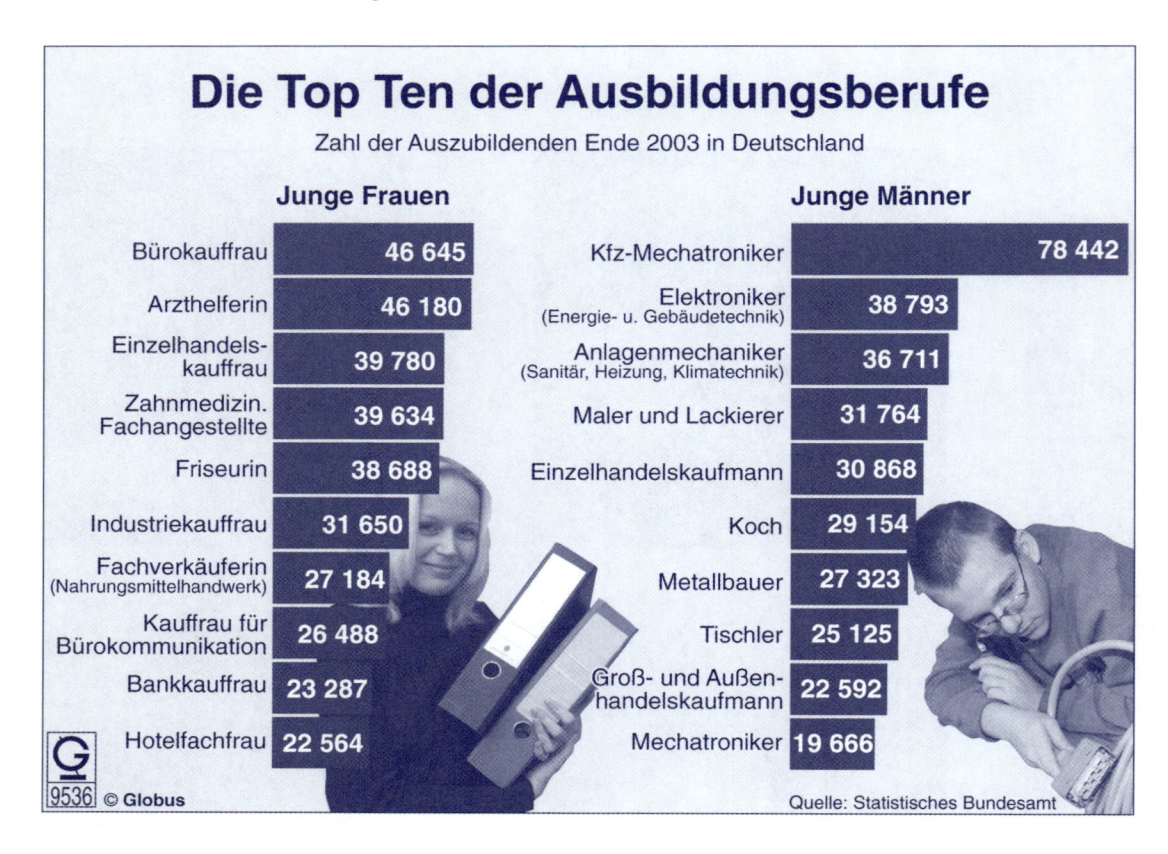

Die Top Ten der Ausbildungsberufe
Zahl der Auszubildenden Ende 2003 in Deutschland

Junge Frauen		Junge Männer	
Bürokauffrau	46 645	Kfz-Mechatroniker	78 442
Arzthelferin	46 180	Elektroniker (Energie- u. Gebäudetechnik)	38 793
Einzelhandelskauffrau	39 780	Anlagenmechaniker (Sanitär, Heizung, Klimatechnik)	36 711
Zahnmedizin. Fachangestellte	39 634	Maler und Lackierer	31 764
Friseurin	38 688	Einzelhandelskaufmann	30 868
Industriekauffrau	31 650	Koch	29 154
Fachverkäuferin (Nahrungsmittelhandwerk)	27 184	Metallbauer	27 323
Kauffrau für Bürokommunikation	26 488	Tischler	25 125
Bankkauffrau	23 287	Groß- und Außenhandelskaufmann	22 592
Hotelfachfrau	22 564	Mechatroniker	19 666

Quelle: Statistisches Bundesamt

Statistiken © Globus Infografik GmbH, Hamburg

**Sehen Sie sich die Abbildung an.
Berichten Sie Ihrer Partnerin/Ihrem Partner kurz, welche Informationen Sie in der Abbildung und in dem Text oben finden.
Danach berichtet Ihr Gesprächspartner/Ihre Gesprächspartnerin kurz über ihre/seine Informationen.**

**Ergänzen Sie sich gegenseitig, was Sie über dieses Thema denken.
Nennen Sie Gründe.
Reagieren Sie auf die Meinung Ihrer Partnerin/Ihres Partners.**

Kopiervorlage 8/4b

Statistik 2: Männerarbeit – Frauenarbeit

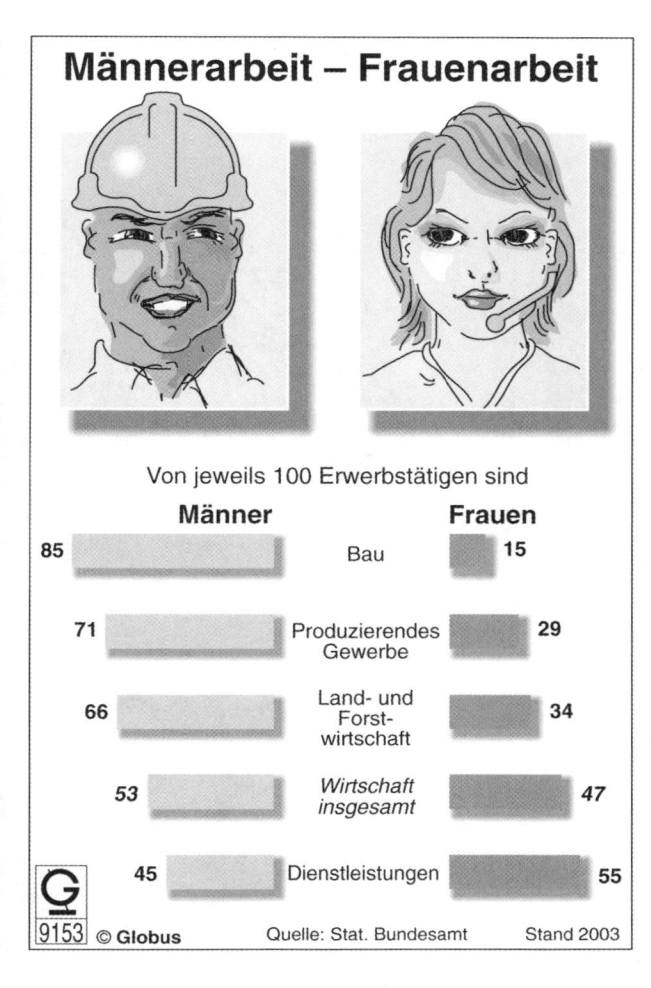

Männerarbeit – Frauenarbeit

Von jeweils 100 Erwerbstätigen sind

Männer		Frauen
85	Bau	15
71	Produzierendes Gewerbe	29
66	Land- und Forstwirtschaft	34
53	Wirtschaft insgesamt	47
45	Dienstleistungen	55

© Globus   Quelle: Stat. Bundesamt   Stand 2003

Statistiken © Globus Infografik GmbH, Hamburg

Sehen Sie sich die Abbildung an.
Berichten Sie Ihrer Partnerin/Ihrem Partner kurz, welche Informationen Sie in der Abbildung und in dem Text oben finden.
Danach berichtet Ihr Gesprächspartner/Ihre Gesprächspartnerin kurz über ihre/seine Informationen.

Ergänzen Sie sich gegenseitig, was Sie über dieses Thema denken.
Nennen Sie Gründe.
Reagieren Sie auf die Meinung Ihrer Partnerin/Ihres Partners.

„Menschheitsträume"